名人传

南丁格尔
提灯天使

廖秀堇 著　　卡图工作室 绘

人民文学出版社
PEOPLE'S LITERATURE PUBLISHING HOUSE

著作权合同登记：图字 01－2023－2635 号

© 三民书局股份有限公司

本著作中文简体字版由三民书局股份有限公司授权上海九久读书人文化实业有限公司
与人民文学出版社在中国大陆(台湾、香港、澳门地区除外)独家出版。

图书在版编目(CIP)数据

南丁格尔：提灯天使/廖秀菫著；卡图工作室绘.
—北京：人民文学出版社，2019(2024.11 重印)
(名人传)
ISBN 978-7-02-015104-2

Ⅰ．①南… Ⅱ．①廖… ②卡… Ⅲ．①南丁格尔
(Nightingale，Florence 1820-1910)-传记 Ⅳ.
①K835.616.2

中国版本图书馆 CIP 数据核字(2019)第 047426 号

责任编辑 李 娜 吕昱雯
装帧设计 汪佳诗

出版发行 人民文学出版社
社 址 北京市朝内大街 166 号
邮政编码 100705
印 制 山东新华印务有限公司
经 销 全国新华书店等
字 数 62 千字
开 本 890 毫米×1240 毫米 1/32
印 张 4.625
版 次 2019 年 7 月北京第 1 版
印 次 2024 年 11 月第 3 次印刷
书 号 978-7-02-015104-2
定 价 35.00 元

如有印装质量问题，请与本社图书销售中心调换。电话:010－65233595

序

不论世界如何演变，科技如何发达，但凡养成了阅读习惯，这将是一生中享用不尽的财富。

三民书局的刘振强董事长，想必也是一位深信读书是人生最大财富的人，在读书人数往下滑落的多元化时代，他仍然坚信读书的重要性。刘董事长也时常感念，在他困苦贫穷的青少年时期，是书使他坚强向上，在社会普遍困苦、生活简陋的年代，也是书成了他最好的良伴。他希望在他的有生之年，分享这份资产，让其他读者可以充分使用。

"名人传"系列规划出版有关文学、艺术、人文、政治与科学等各行各业有贡献的人物故事，邀请各领域专业的学者、作家同心协力编写，费时多年，分梯次出版。在越来越多元化的世界中，每个人都有各自的才华与潜力，每个朝代也都有其可歌可泣的故事，但是在故事背后所具有的一个共同点，就是每个传记主人公在困苦中不屈不挠的经历，这些经历经由各位作者用心博览有关资料，再三推敲求证，再以文学之笔，写出了有趣而感人的故事。

西谚有云：世界因有各式各样不同的人群，才更加多彩多姿。这套书就是以"人"的故事为主旨，不刻意美化主人公，以他们的生活经历为主轴，深入描写他们成长的环境、家庭教育与童年生活，深入探索是什么因素造成了他们与众不同，是什么力量驱动了他们锲而不舍地前行。以日常生活中的小故事来描绘出这些人物为什么能使梦想成真，尤其在阅读这些作品时，能于心领神会中得到灵感。

和一般从外文翻译出来的伟人传记所不同的是，此套书的特色是由熟悉文学的作者用心收集资料，将知识融入有趣的故事，并以文学之笔，深入浅出写出适合大多数人阅读的人物传记。在探讨每位人物的内在心理因素之余，也希望读者从阅读中激励出个人内在的潜力和梦想。我相信每个人都会发呆做梦，当你发呆和做梦的同时，书是你最私密的好友。在阅读中，没有批判和讥讽，却可随书中的主人公海阔天空一起遨游，或狂想或计划，而成为心灵

知交。不仅留下从阅读中得到的神交良伴（一个回忆），如果能家人共读，读后一起讨论，绵绵相传，留下共同回忆，何尝不是一派幸福的场景？

谨以此套"名人传"丛书送给所有爱读书的人。你们都是世界上最幸福的人，因为一直有书为伴，与爱同行。

目　录

名人传

南丁格尔

1820—1910

1. 幼年时期

小天使

秋日蔚蓝的晴空，挂着几朵软绵绵的白云，大地透出午后特有的慵懒。

突然，远处传来清脆的马蹄声，在墙边打盹的小狗洛洛立刻机警地冲出去，在马厩里忙碌的老农也好奇地跑出来，看到一匹白马正在篱笆内喘着气。洛洛忽前忽后地围着它跳跃，兴奋地狂吠着。

"二小姐！"老农意外地招呼说，"你怎么一个人来了？夫人呢？"

马背上的妙龄少女拉住缰绳，开心地回应："雷恩爷爷，日安！"说着，轻巧地翻身跃下。

洛洛忙不迭地冲上去，少女蹲下身子抱住它，它立即亲热地东舔西舔，惹得少女咯咯直笑。

老农大声喝止它："洛洛，过来！"

少女这才站起身来，从马鞍的挂袋里取出两个纸包递给老农。

"妈妈到舅舅家去了，她要我送东西过来。喏！这是火腿，还有刚烤好的面包，还是热的呢！您看！"

"哎呀！二小姐，这怎么敢当？"

这时候，屋里传来剧烈的咳嗽声，接着有微弱的声音问道："雷恩……是什么人？"

老农还来不及回答，少女已连忙奔进屋里去了，边娇声喊着："南茜婆婆，是我来看您了！"

床上的老妇人挣扎着想坐起来，终于还是虚弱地躺回床上："啊……原来是二小姐，快……请……请坐啊！"

少女趋身过去，握住老妇人的手，像哄小孩似的说："婆婆，您别动！今天有没有好一点？"

老妇人绽出笑容，点点头说："这几天……吃了夫人送来的药，是……是好些了。"

"是吗？那太好了。来，我帮您擦擦脸吧！"

老妇人急了："不！不！……二小姐是金枝玉叶，这……这怎么行呢？"

"没关系的，婆婆。"

少女把毛巾沾湿了，在老妇人脸上轻轻地擦拭着，擦完了，体贴地帮老妇人把被子拉好。

"对了，我讲故事给您听，好吗？我还会按摩。"

原本死气沉沉的小屋，这时充满了少女音乐般温柔的语音，金黄的阳光从窗棂透进来，轻抚着老妇人安详幸福的笑脸，也罩着老少二人的身影，织成一幅温馨甜美的画面。

站在门边的老农，这时带着洛洛悄悄地退了出来，边走边喃喃自语地说："二小姐真是一位慈悲的小天使啊！"

这位慈悲的小天使就是日后被世人尊称为"白衣天使"的弗洛伦斯·南丁格尔。她从小就有一颗善良的心，好像天生就能感应到别人的痛苦和需要，总是主动去帮助不幸的人。

在21世纪的今天，因为医学的进步，我们已经习惯，如有疾病就到医院或诊所求医，那儿有各种现代化的设备，还能获得医生、护士精心的诊治和照顾。

我们是多么幸运啊！

但是，在古时候，任何疾病都可能会轻易地夺取人的性命。许多产妇因为在生产时没有获得良好的照顾而不幸丧生；更有许多婴儿逃不过夭折的命运。那时还没有预防疫苗，所以各种流行病，如伤寒、天花、小儿麻痹，等等，不知摧毁了多少幸福的家庭。

在近两三百年中，由于许多伟人超然的眼光和贡献，整个医学界经历了全面的改革，拯救了无数人的生命，带给全人类永恒的福祉。

南丁格尔就是这许多伟人中的一位。

诞　生

1820 年 5 月 12 日，有一个女婴降生在意大利名城佛罗伦萨。这是个古老的艺术都市，风景美丽，有许多著名的建筑、雕刻和绘画，它的原意是"花之都城"。

这位女婴的双亲是一对年轻的英国夫妇。父亲威廉·爱德华·南丁格尔毕业于英国著名的剑桥大学，是银行家的儿子，还继承了伯父的大笔遗产。母亲法妮则是英国国会议员威廉·史密斯的女儿，自小活泼外向，又时髦美丽，像朵娇艳的花朵，是受人注目的社交名媛。法妮大威廉六岁，两人从小就认识，有青梅竹马般的情谊，所以长大后就很自然地结了婚。

他们结婚时，正值拿破仑战败，整个欧洲经过了二十年的战乱，好不容易又恢复太平盛世的繁荣景象，人们都迫不及待地前往名胜古迹观光，到处荡漾着欢乐的气息。威廉和法妮都酷爱旅行，所以结婚后毫不例外地相携出国，足迹遍及欧洲各地，也结交了许多不同国家的上流社会人士。

"喔，威廉，你看她，多漂亮啊！"法妮搂着刚出生的婴儿，心里有说不出的欢喜。

她身旁的小女孩踮起脚尖，急忙喊："妹妹，我要看妹妹！"

威廉笑着把婴儿接过来，将她娇嫩的脸颊凑到姐姐面前。

"你看，妹妹跟你一样漂亮呢！"

然后，他若有所思地转身对太太说："她也需要一个美丽的名字。嗯，我们何不以这个令人难忘的城市为她命名呢？就叫她……弗洛伦斯·南丁格尔吧！"

原来，南丁格尔和她的姐姐都是在父母旅行意大利期间出生的。姐姐出生在那不勒斯，也以城市的古名"帕耳忒诺珀"来命名，昵称为芭希。而他们的姓氏南丁格尔，英文的原意为"夜莺"，是一种会唱歌的鸟儿。

南丁格尔周岁的时候，法妮强烈地思念起家乡，于是一家人结束了长期的外国旅行，回到英国定居。

威廉在离家乡不远的李·赫斯特盖了一栋有十五个房间的新房子。这栋新房子坐落在宽广的草原上，四周有色彩缤纷的花园，附近还有苍翠的森林和绵延的丘陵，景色非常美丽。

南丁格尔很喜欢住在这儿。灿烂明媚的阳光下，经常可以看到她在草原上和森林里奔跑的身影。她最喜欢动物，麻雀、小松鼠、马、羊、狗、猫，等等，全都是她的好朋友。这些动物也似乎特别喜欢她，总是围在她身边跳跃着。

可是，这个屋子太靠北方，冬天时节，就变得很冷。

有一天，法妮很苦恼地对威廉说："李·赫斯特的冬天实在是太冷了，地方又偏僻。更何况，这屋子的空间也太小了，我想我们得搬家了。"

原来，这房子虽有十五间卧室，但是威廉和法妮都有许多亲朋好友，经常来拜访。而且，当时英国上流社会人士的交往，除携带家眷以外，还会有用人以及猫狗等宠物陪同，如此一来这屋子就显得太狭窄了。

因此，过年后，威廉在英格兰的南部买了恩布丽庄园。恩布丽庄园占地辽阔，宏伟的房子前面有圆形的车道，迎送客人的马车可以轻松地进出。

这儿离法妮两位姐姐的居处较近，三家人可以经常聚在一起，小表兄妹们特别开心，尤其恩布丽庄园离伦敦不远，他们随时都可以参加大型的社交活动，享受大都市的繁华与热闹。

从此，一家人夏天在北方的李·赫斯特避暑，冬天搬回温暖的恩布丽庄园，春秋两季还可以到伦敦去小住，过着很惬意的生活。

爱　心

"你看，好可爱！"

"哈！哈！哈！"

晴朗的夏天，李·赫斯特的南丁格尔府邸有一群宾客站在窗边，一边看着后院，一边发出爽朗愉悦的笑声。顺着他们的目光，才发现绑着马尾的小南丁格尔蹲在草坪上，正聚精会神地喂着小松鼠呢！

威廉不但富有，而且交游广阔；法妮也是从小就在社交圈里长大，特别喜欢热闹。所以，南丁格尔家的客厅里，每天总是高朋满座。

芭希和南丁格尔都出落得非常美丽，是一对耀眼的姐妹花。她们都有一头红褐色的秀发，散发出柔和的光泽；灰蓝色的眼珠，闪烁着慧黠的亮光；椭圆的面庞上，衬着玫瑰般的两颊。芭希遗传了母亲的个性，喜欢穿着漂亮的衣裙，在客人之间蹦蹦跳跳地撒娇。南丁格尔却偏爱朴素的衣服，喜欢安静，常常独自躲在阁楼上，自言自语地编

造故事，充满了想象力。她最讨厌陌生人，从来不知如何向他们寒喧，而且恨不得赶快逃得远远的。

但是，南丁格尔自小就有一副仁慈的心肠。每次她看到姐姐把洋娃娃的手臂折断，随地一丢，总是觉得十分心疼，便会立刻把它们缝合好，放到自己床上，让它们躺在那儿"养病"。每天她都为它们讲故事、唱歌，还把它们搂在怀里，轻声安慰，并祈祷它们早日康复起来。

南丁格尔就在这样优渥的环境里，出落得亭亭玉立，而丝毫未变的是她的仁慈与爱心。

有一天，她在园里采花，刚好听到园丁对略通医术的管家说："杰夫，你知不知道汤姆的小马受了重伤？"

她吓了一跳，赶紧跑过去问个究竟。

原来，老牧人汤姆有一匹小马，在草原奔驰时被栅栏伤到，已经两天不能走路了。南丁格尔听了很难过，就央求杰夫陪她去找老牧人。

当他们赶到农舍时，果然看到小马正躺在屋边呻吟。南丁格尔连忙奔过去，跪下来轻轻地拍着小马的脖颈。

"喔！可怜的小东西。"

"是啊！看它痛苦的样子，我真不忍心。也许，我应该用枪把它打死，免得它如此受折磨。"老牧人来回踱着，很懊恼地说。

"不！汤姆伯伯，你不能打死它！不能！"

南丁格尔抬头望着老牧人，急得哭了起来。

她又把脸转向管家，说："杰夫叔叔，请教教我，我该怎么救它？"

管家先用手在小马的伤腿上轻轻压了几下，镇定地说："还好，只是脱臼，应该没有大碍。"

于是，他就教南丁格尔，先用浸过热水的布替小马把伤口洗干净，包扎好，再用板子夹起来。

之后两个礼拜，南丁格尔每天都来到农舍，亲自为小马洗涤伤口，细心地照顾，有时还带着苹果来喂它。小马的腿伤渐渐好转，又可以在草原上慢慢行走了。小马似乎也知道南丁格尔是它的救命恩人，常用脸颊依偎着她，让她心里有说不出的满足感。

南丁格尔的仁慈与爱心，也体现在她如何细心地照料庄园附近那些贫苦的人家。

原来，在19世纪的英国，拥有广大领地的贵族夫人总觉得自己有义务去帮助穷苦的邻居，让他们能过着衣食无缺的日子，法妮就常常带着这样的心情去拜访贫病的乡民。南丁格尔每次都跟随母亲前往，帮着分发奶油和火腿，满怀同情的祝祷，希望他们能早日康复。

　　南丁格尔也常常邀请这些邻居的孩子来家里玩耍。她常用果汁和蛋糕招待他们，带着他们唱歌、跳舞、玩各种游戏，例如捉迷藏、大风吹、丢手帕、竞走等。临走时，还会送他们玩具等礼物，作为纪念。

　　有一次，南丁格尔正在分发糖果，注意到有位半边脸都被紫红色胎记盖住的小男孩尼克，独自坐在角落，孤单无助的样子。

　　南丁格尔心里想：“尼克一定是被小朋友们排挤了。”

　　于是，她特地挨着尼克坐下来，开始教他折纸飞机。等到尼克成功地折了两架后，南丁格尔就故意大声地惊呼：“哇！好漂亮的纸飞机！”

　　小朋友们听了，都好奇地围过来，争着向尼克讨教。

　　那天傍晚，南丁格尔像以往一样，站在门口和小朋友们道别，给每人赠送漂亮的礼物。轮到尼克时，他紧紧地抱住这位大姐姐，像在诉说无言的谢意，眼睛里更闪耀着从来没有过的自信神采。

启　蒙

南丁格尔的父亲威廉是个博学的人，思想也很开明，他主张让两个女儿接受良好的教育。

芭希和南丁格尔还很小的时候，他就雇了一位女家庭教师，教她们读书、识字，并负责教导她们音乐与绘画。那时候的有钱人以及上流社会人士都是用这种方法来教育子女的。

当南丁格尔十二岁的时候，威廉决定亲自教授她们文法、数学、历史和各国语言，如希腊语、拉丁语、德语、法语、意大利语等。至于缝纫、刺绣等，则由母亲法妮来指导。

威廉对女儿的期望很高，所以上课时极为严格。

芭希最怕上课，常常对母亲抱怨说："为什么我和弗洛伦斯需要读书？"

她喜欢做家事，宁可帮母亲插花或接待客人，也不愿意静下心来念书，所以总是借故逃学。

南丁格尔则刚好相反，她读书很认真，喜欢在书上做注解，而且对读书非常有兴趣，经常一大早就起来研读功课，数学更是她最擅长的科目。威廉见她如此勤奋，高兴之余，就更加尽心地教导她，于是她很快就读完英国、罗马、德国、意大利、土耳其的历史。她写作能力也很强，不久就养成用法语写日记的习惯，还称自己的日记是"夜莺的传记"。

她喜欢陪父亲散步，更喜欢与父亲谈论国家大事。这天傍晚，他们两人又在花丛间行走，蝴蝶和蜜蜂在夕阳下忙碌地飞舞着。

她突然很严肃地开始发表议论："当今的内务大臣实在太不像话了！"

威廉觉得很有趣，就问她："为什么呢？"

她皱着眉头回答："因为他对孤苦的老人根本不关心，对穷苦的小孩也不照顾，我不喜欢他！"

威廉开怀地笑起来，搂搂她的肩膀说："难得你有这样的想法。的确,一个国家的官员是应该为人民服务的。看来,内务大臣应该请你去当顾问。"

当南丁格尔夜以继日地钻研功课时,法妮却变得忧心忡忡。她自己从小在优渥的环境长大,特别喜欢应酬,只希望两个女儿打扮得漂漂亮亮的,熟习社交礼仪,能够认识一些富贵人家的青年,将来可以嫁个好丈夫。

如今,她看到南丁格尔把心思全都放在用功读书上,还常常挑灯夜战,忍不住担心起来。

她想:"要是弗洛伦斯能像芭希那样,该多好啊!"

她不止一次对丈夫唠叨:"威廉,我可不要弗洛伦斯变成书呆子。你灌输她这么多知识,又有什么用?我只希望她们接受基本的教育,然后找个好对象结婚,快快乐乐地生活。"

但是,南丁格尔一点都不向往这样的生活。她认为,每天打扮得漂漂亮亮,然后找个有钱有势的人结婚,不是她想要的人生,她私下想:"那种枯燥乏味的生活有什么意义呢?那样活着将多无聊,多浪费时间!"

每次她看到芭希和同龄的朋友在一起喧哗笑闹,就感到好寂寞、好无助，因为她并不喜欢像她们那样。可是，为了南丁格尔家高贵的声望，她不得不维护身为淑女的风范，装出喜悦、快乐的样子。

其实，她也弄不清楚自己到底是怎么了，偶尔，芭希还会称她为怪物。她也曾经为此坐立不安地想："我是不是真的像姐姐说的，是一个古怪的人？否则，为什么我不能跟她们一样无忧无虑地享乐呢？"

在所有的亲戚当中，只有梅姑妈从来不认为这位侄女有什么奇怪，反而觉得她是个具有丰富才华的女孩，将来一定有不平凡的表现，因此，总是鼓励她、称赞她。梅姑妈是威廉的妹妹，嫁给了法妮的弟弟，所以对南丁格尔来说，她既是姑妈，也是舅妈。不过，梅姑妈虽然觉得与南丁格尔特别投缘，却从未想到，自己将在侄女辉煌的人生中扮演一个重要的角色。

2. 伟大的志愿

神的召唤

森林里一片寂静，和风轻柔地拂过林梢，如梦似幻。蓦地，几只小松鼠在铺满了落叶的地上奔窜而过，发出窸窣的声响。

"唉！"

这时，倚在树干上的南丁格尔忍不住轻轻地叹息。想到刚刚在客厅里大伙儿夸张而做作的谈笑，更加感到闷闷不乐。原来，这天南丁格尔家的客厅里又是亲朋云集。

少女时代的南丁格尔，已有一副窈窕的身材，在宴会中很受注目。但是，她和小时候一样，每遇到热闹场合，总觉得不自在，只想静静地躲开。

她丧气地想："这样千篇一律的生活到底有什么意

18

思？我多想做一桩事……一桩有意义的事！"

她越想越迷惑，也越想越难过，忍不住无力地跪下来，喃喃倾诉着："上帝啊！我到底该怎么做呢？请赐给我智慧和力量，引导我吧！"

她闭上眼睛，让所有的烦恼和苦闷如洪水般决堤。

"弗洛伦斯！……"

突然，好像有人在叫她，她吃惊地站起来，四下看看，并没有发现任何人，于是又跪下来诚心地祷告。

"弗洛伦斯！……"又是一声呼喊，仿佛来自遥远的天际。

她侧耳倾听，忽然恍然大悟说："是上帝在召唤我吗？"

那个微弱的声音继续说："你要爱世人，如同爱自己。去帮助那些需要你帮助的人吧！"

过了好一会儿，声音消失了，南丁格尔觉得体内充满了不可思议的力量和勇气，忍不住高兴得哭了起来。

她双手合十，虔诚地说："谢谢上帝，我一定会尽力去做的。"

当晚，她在日记上写着："今天，我听到神的召唤，

也听到我自己内心的声音。我清楚地知道，自己将为人类做些有意义的事情。"

那是 1837 年的 2 月 7 日，南丁格尔已经十七岁了。

从那一天开始，南丁格尔认真地等待机会执行神托付给她的使命。虽然她并不知道那个使命是什么，但她总是很有信心地对自己说："不久的将来，上帝必定会再次现身，指示我的。"

她开始更认真地写日记，将回忆或遇到的任何事情都写下来。不在家里时，她也喜欢在日历纸或任何纸的后面随时记下突发事件，期盼在详尽的记述当中获得应有的启示。

几个月后，英国乔治三世王朝结束，年轻的维多利亚女王正式登基。

维多利亚女王只比南丁格尔早一年出生，而她在位的六十余年中，亦将与南丁格尔的生命轨迹数次交会，为历史写下崭新的一页。

旅　行

法妮看到南丁格尔总是郁郁寡欢，就对威廉说："弗洛伦斯老是这个样子，真叫我担心。我在想，弗洛伦斯和芭希两人已经长大，应该让她们正式进入社交界了。我们来为她俩开个'成年派对'吧。"

在19世纪的维多利亚时代，上流社会的人家会在适当时机，为情窦初开的女儿举办"成年派对"，正式将她介绍给社交界。从此，女儿开始接受邀约，参加各类晚宴和舞会，认识有家世又才貌双全的白马王子。

法妮知道，两位女儿不仅美丽动人，又都有良好的教养，一定会受到大家的喜爱。因此，忙着为女儿添制新装，要好好为她们打扮。

果然，芭希和南丁格尔一亮相就惊艳全场，大受欢迎，在伦敦社交界引起轰动。尤其是南丁格尔，她身材高挑修长，体态优美，全身散发出高贵的气质，眉眼间更流露着自信的神采。从此，恩布丽庄园的宾客更是川流不息，本来宽敞的房屋又变得狭小而不够住了。看来，恩布丽庄园必须改建，增加寝室，也要重新好好装潢了。

"可是，如果进行整修，家里成天有工人进进出出的，多烦人哪！"法妮这样想着，突然有了灵感，"威廉，为什

么我们不利用这段时间到外国去旅行呢？等房子装修完了再回来，不是很好吗？"

芭希听到这个消息，真是高兴极了，她迈着华尔兹的舞步，沿着大厅旋转说："哇，太棒了！弗洛伦斯，我们一到巴黎就去买时髦漂亮的晚礼服，好吗？"

南丁格尔的心也跳跃起来，从小她就憧憬着外面的世界，现在机会终于来了，真恨不得立刻就展翅飞去。

而威廉本就喜欢旅行，现在能让两个女儿亲眼见到向往的地方，增长她们的见识，所谓"行千里路，胜读万卷书"，这是最好的教育，何况，还能拜访许多当年旅行时结识的老朋友，自然也就欣然同意了。

于是，1837年9月，南丁格尔一家人携带六位仆役，乘坐着由威廉亲自设计的豪华马车，从英国出发，开始了长期的欧洲旅行。

两年的时间里，他们一家人走遍了法国、意大利和瑞士。他们每到一个地方，都受到当地上流社会人士热情的招待，尽情享受着豪华的社交生活，包括欢乐的舞会、刺激的狩猎、醉人的歌剧，等等。

芭希和南丁格尔两姐妹正当花样年华，在宴会中往往吸引住所有宾客的目光。而南丁格尔沉浸在多姿多彩的生活中，几乎没有时间深思，原先那些强烈的心愿和在森林中听到的神的召唤，似乎变得遥远，眼前只有美丽的晚礼服以及奢华的享受。

法妮看在眼里，暗自庆幸着南丁格尔的改变，也颇感欣慰，觉得自己安排这次旅行的决定是正确的。

同年 12 月，他们到达法国著名的港口尼斯，那里有一个英国人聚居的地区，居民常常举办舞会和音乐会。南丁格尔原就深爱音乐，现在又变得热衷于跳舞，不放过任何参加舞会的邀约。

不久，他们到达南丁格尔在意大利的诞生地，那儿的歌剧很有名，每天晚上都更换不同的戏目。姐妹俩被剧情和排场深深感动，几乎每场都去观赏。南丁格尔更是对莫扎特脍炙人口的名剧《费加罗婚礼》与《魔笛》深深着迷。

1838 年秋天，南丁格尔一家人抵达瑞士的日内瓦，特地去拜访父亲的旧友——意大利历史学家希蒙第。

希蒙第心地善良，平日默默行善。那时，意大利被奥国统治，渴望自由的意大利知识分子都逃到瑞士来，为争取自由而奋斗着。瑞士与很多国家结邻，从那里可以很明显地看出世局激烈的变化。威廉每天晚上都跟朋友热烈地谈论世事和政治，空气里弥漫着沉重的气氛。

在这里，南丁格尔首次看到了流亡的人潮，也首次遇到为政治理念勇敢战斗的人，年轻的心灵受到很大的冲击。

后来，南丁格尔全家又到了巴黎，有缘结识了著名的克拉克一家人。

克拉克家常常在府邸举行聚会，交往的对象全是学有专精的知名人士，彼此高谈阔论，互相切磋。女主人玛丽是一位思想前卫的妇人，她为人精明挑剔，却很喜欢南丁格尔姐妹，常主动带她们在巴黎社交圈走动，热心地把她们介绍给著名的作家和艺术家们。

她常对芭希和南丁格尔说："身为女人，千万不能成为丈夫的附属品，应该不断地充实自己，才能走出家庭，为社会做一些有用的事。"

认识玛丽是南丁格尔一生中的转折点。玛丽为南丁格尔树立了独立的榜样，让她更懂得期勉自己："是的，我要拿出勇气，走出自己的道路！"

南丁格尔和玛丽两人也成了一辈子的好朋友。

志愿当护士

1839 年春天，南丁格尔一家人结束了欧洲的旅行，回到英国。华厦已经完工，建造得美轮美奂。

"哇！好漂亮！"

大家一进门，就被那华丽的格局和装饰吸引住了。芭希一马当先，飞快地奔向回旋楼梯，瞬间没了踪影，转眼又出现在楼梯顶端，兴奋地朝下喊道："弗洛伦斯，快来！快来看你的房间！"

威廉和法妮看着，也不禁开心地笑起来。

从此，恩布丽庄园吸引了更多的访客，真是车水马龙，热闹非凡。

可是，当时英国国内因各种改革引起了大骚动。工人领袖发动无数次抗议活动，要求提高工人的工资与改善工作环境，并争取有利于工人阶级的立法。南丁格尔眼看着社会上发生这么多事情，自己却一点都帮不上忙，还过着如此安逸的生活，因此越来越不快乐。

"要怎么做才能帮助这些人脱离贫穷和疾病呢？"

也就在这时，她萌生了去医院当护士、直接为病人服务的念头。

她环视着刚落成的豪宅，心痛地想："我多么希望把这幢房子改成医院，在每个房间都排放病床，医治那些贫穷的病人啊！"

后来，她终于忍不住了，偷偷对姐姐透露她内心的想法。

芭希大吃一惊，慌乱地叫起来："妹妹！护士是下层阶级的人做的，你难道不知道吗？"

说着，芭希不顾南丁格尔的阻挡，就跑去父母那儿告状了。

法妮一听，吓得把手中的针线撒了一地，结结巴巴地对南丁格尔说："我的老天！你在说什么？你是个名门闺秀，怎么可以去伺候别人呢？何况，医院是那么肮脏的地

方！你简直……简直是疯啦！”

威廉也惊讶地拿下烟斗，以责备的眼光看着她："弗洛伦斯，你有很多不同的方式可以帮助人们，怎么会想到当护士呢？快别胡闹啦！"

南丁格尔低头噤声，不敢直视盛怒的父母，心里很难过。

经过这场家庭风波之后，南丁格尔变得很安静，成天闷闷不乐，像只被剪了翅膀的小鸟。

在南丁格尔成长的时代，女性如果外出工作，不管理由多么神圣崇高，都会被人轻视。淑女、名媛更应该只管琴棋书画，天天过着奢侈悠闲的生活，以培养高雅的气质。

何况，在当时所有的行业中，护士被视为最卑贱、最污秽的工作，因为担任护士的多半是年老体衰、萎靡不振的女人，她们不识字，而且穿着邋遢，头发肮脏凌乱，举止粗鲁莽撞，日常生活里嗜酒如命，常常喝到烂醉如泥。

社会上很瞧不起她们，但是因为没有其他人愿意从事护士这个行业，只好忍受她们粗暴、鲁莽的态度。听说，她们有时候还会把病人推到床底下，让自己有地方睡呢！

"可是，正因为这样，才更需要由有教养的人来担任护士，来改正这种错误的观念！"南丁格尔痛心地想。

因此，她在二十一岁时就立志要改革医院，并把"护士"作为她一生的志向。

错失良机

1844 年，南丁格尔家来了一位不速之客——贺尔博士。他是美国著名的慈善家，曾经创办盲人院和老人院。又聋又哑的海伦·凯勒即曾就读于他所创办的哈金学院。当时他正在筹划增设医院，使失去视力和无依无靠的老年人得到扶助和照料。

南丁格尔特地等到宴会结束后，找到机会单独向他请教。

"贺尔博士，您认为女孩子能不能像教会的修女一样担任护士呢？"

"目前的英国，恐怕做看护工作是会被人误解及轻视的。"贺尔博士望着满脸急切的南丁格尔，若有所思地说。

"难道您也和别人一样觉得这是低贱的工作吗？"

"不，弗洛伦斯，我不这样认为，"贺尔博士慈祥地接着说，"你现在的心情我很了解。以你的身份来说，这是一项很大的挑战。但是，如果你有伟大的志愿，就应该勇敢地去做，不必太在意别人的看法。将来你会知道，这是一件崇高的工作。孩子，勇敢些，去献身于贫穷的人们吧！"

贺尔博士这番话令南丁格尔激动得热泪盈眶，也成为她一生努力的目标，她决定要更积极地为自己的工作做准备。

于是，她在心里告诉自己："看护病人是我应该走的路，我绝对不能退缩。唯有陪伴在病人的身旁，细心照顾他们，减轻他们的痛苦，我才会觉得幸福和快乐。"

从那天开始，南丁格尔便常常瞒着家人，到贫民区去服务生病的人。她每次都准备了清汤、布丁等容易吞咽的食物，想促进病人的胃口，并陪伴在病榻旁，为他们朗读《圣经》或其他的书籍。

闲暇时，她还收集大量与医学有关的资料，然后裹着毛毯，就着昏暗的烛光阅读到深夜。

她也暗自下定决心，一定要慢慢地开导家人，让他们能渐渐改变原有的想法，进而支持她的志向。

这时候，刚好祖母生病了，南丁格尔就请求父亲让她亲自看顾。在她连着几个月寸步不离的照料下，祖母终于康复了，令她萌生出从未有过的满足感。但是，在照料的过程中，她也深深感到，自己连起码的医学常识都不懂。

"原来，要照料病人，光有同情心和怜悯是不够的，"她恍然大悟，"我需要先对疾病有所了解，还要具备正确的方法和技术，而这些只能到医院去学习。"

南丁格尔家有位亲密的朋友班森先生，他是位德国贵族，也很关心如何帮助贫病人家的问题。南丁格尔二十六岁那年，他突然寄来一封信，信上说：

亲爱的南丁格尔小姐：

在德国有一所由牧师创办的开塞威特收容所，最近设立了医院及护士训练所。只要是二十五岁以上的未婚女子，都可以申请参加。若有不识字的，牧师会先教她们读书写字，再安排她们到医院里见习，由医生传授她们担任护士的基本训练。

这个训练所非常严格，很受人敬重。

南丁格尔小姐，我知道你一直都有兴趣成为护士，是否要先来参观一下？

你的朋友　班森敬上

南丁格尔读完，欣喜若狂，把信紧紧地压在胸口，心想，这必定是上帝的旨意，要让她美梦成真了！

"只是，爸妈会答应我的请求吗？……但这是千载难逢的机会，我绝不能错失良机！"

于是，她鼓起勇气，立刻去征求父母的意见。

法妮一听，大为震怒，用不敢置信的眼光看着她说："原来，你并没有打消这个可怕的念头。弗洛伦斯，你怎么这么不听话？你……太伤我的心了！"

威廉也伤感地说："弗洛伦斯，你真是太令我失望了！"

"可是……爸爸，妈妈，班森先生说，这是一个很严谨的训练所……"

"不行！说什么都不行！你别再说了，我是不会答应的。"母亲不耐烦地打断她。

南丁格尔跌坐在椅子上，一时沮丧透顶，觉得自己像是掉进了黑暗的深渊。

3. 得偿宿愿

西德尼·赫伯特

1847 年的秋天，南丁格尔因为受不了家庭的压力，日渐消瘦憔悴，终于病倒了。

"可怜的弗洛伦斯！"芭希看着病恹恹的妹妹，知道她心中的苦闷，感到非常同情，就向父母亲求情："爸，妈，我们再带妹妹出国去旅行，好吗？"

那时，刚巧威廉的好友布列士布里兹夫妇，要前往意大利度假，就提议带南丁格尔一起去散心。他们没有儿女，一直把她当成亲生女儿般疼爱。

11 月，南丁格尔跟随布列士布里兹夫妇，抵达意大利的首都罗马。

南丁格尔徜徉在名胜古迹里，暂时忘掉了烦恼。她到处参观画廊和教堂，尤其喜欢那举世闻名的西斯廷教堂，当她看到教堂屋顶上米开兰基罗所画的《创世记》时，更是惊叹不已，整个下午都流连其中。有空的时候，她就充分利用时间去访问附近的修道院、女子学校和孤儿院。

有一天，他们正要离开旅馆的时候，刚好进来一对夫妇。

"嘿，怎么会是你们！"布列士布里兹夫妇一看到他们，就热情地打招呼，而且转过身来笑着说："弗洛伦斯，你看多巧，这是西德尼·赫伯特爵士和他的夫人莉丝呢！我们已经有好几年没见面了。"

西德尼·赫伯特爵士是军政界的名人，在国会很活跃。这次会面对南丁格尔的生命具有重大意义，因为赫伯特爵士将会在她生命中扮演非常重要的角色。

南丁格尔和赫伯特夫妇一见如故，常和他们一起参加盛会，并相约骑马。赫伯特夫妇非常富裕，而且都很热衷于慈善事业，是乐善好施的好人。他们对于医院改革特别有兴趣，也很坦诚地提到心中的理想："最近，我们正在创设一所收容穷人病人的疗养院。"

南丁格尔听了非常感动，也提及自己的抱负与心愿。

"英国的医院办得这么差，症结就是医疗的环境。我觉得，光是医治患者的疾病是不够的，主要还得提供干净的床单和营养的饮食。"

赫伯特夫妇这才惊讶地发现，南丁格尔竟然具有这么丰富的医学知识，对她非常佩服。

1848年夏天，南丁格尔结束旅行，回到英国。经由赫伯特夫妇的介绍，她认识了许多志同道合的朋友。这些朋友在社会上都有显赫的地位，而且都很关心医院系统的改善，还奉南丁格尔为这方面的专家。家人万万没有想到，这趟罗马之行反而让南丁格尔心中原有的愿望更加炽烈地燃烧起来。

可是，因为家人长期的不理解，南丁格尔再次过着忧郁的生活。

在这段时间里，布列士布里兹夫妇和赫伯特爵士常来安慰她。

"你读过这么多医学的书籍，又有这么广泛的卫生知识，为什么不去伦敦走走呢？譬如，你可以到贫民学校帮忙，或是参观伦敦的医院。"

法妮知道后，起初大加反对，但在布列土布里兹夫妇的劝解下，态度终于软化了。

她叹着气说："看来，我怎么说你都听不进去了。不如，就让你去一趟吧！等你亲眼看看，就会相信那的确是个肮脏的地方。"

于是，南丁格尔来到了伦敦。她在贫民学校里亲自照顾学生的生活起居，深深体会到贫富阶级的差距太大了。

她感慨地想："为什么国家不制定一套制度来帮助穷苦的人家呢？"

同时，她更迫切地希望快点参加实际训练，那样才能有效地贡献自己的力量。

那年秋天，芭希突然生了重病，全家人决定陪她到德国去休养。他们与玛丽·克拉克联系，两家约好在法兰克福会面。

南丁格尔充满了殷切的期待，心中偷偷盘算着："开塞威特医院距离法兰克福很近，到时候，我应该可以借机到那儿的护士训练所走一趟。"

没想到，出发之前，法兰克福发生政治暴动，旅行的计划只好取消。

南丁格尔不免意志消沉，她问自己："难道我这辈子就进不了护士学校吗？"

拒　婚

法妮心中最担忧的还是女儿们的终身大事。她眼看着南丁格尔一天比一天沉默，心中很着急。

"唉！弗洛伦斯老是这样闷闷不乐，怎么办呢？如果她能有个理想的归宿，也许就不会再胡思乱想了。"

其实，南丁格尔长得高挑妩媚，有不少爱慕者。

好友玛丽安的哥哥亨利就是其中一位。亨利单恋南丁格尔长达六年，当南丁格尔终于拒绝他的感情时，他伤透了心，变得意志消沉，简直濒临崩溃的边缘。玛丽安对这事很不谅解，竟从此和南丁格尔绝交。

另外一位爱慕者是国会议员理查德·蒙克顿·米伦斯。

米伦斯才华横溢，是伦敦社交界有名的贵族子弟，而且非常富有。他也对公益很热心，特别关心孩童的福利问题。

他非常喜欢南丁格尔，常常光临恩布丽庄园。由于他们兴趣相同，似乎永远有谈不完的话题。

当他们两人在舞池里翩翩起舞时，总是吸引所有宾客的目光，人们低声赞赏着："你看，他们多么般配，真是郎才女貌啊！"

芭希也极力想促成这段良缘，好几次对妹妹说："弗洛伦斯，你看米伦斯的人品多好，他是很理想的归宿啊！"

南丁格尔何尝不知道呢？她发现自己也很喜欢米伦斯，尤其喜欢他有一颗仁慈的心。有时，她甚至梦见自己变成了米伦斯夫人。

"但是，我怎么能够忘记上帝对我的召唤？我一生要走的路将是多么艰辛！而且那是需要全心奉献的路程，我哪有余力来接受别人的感情？"

这样想着，她的内心充满了矛盾。

这天，南丁格尔家又举行盛大的舞会。米伦斯和南丁格尔跳累了，就溜出来到花园里去散步。清丽的月光有如细密的情网，轻柔地兜在两人身上。

米伦斯忽然转过身来，深情地说："弗洛伦斯，请你接受我的求婚吧，我一定会尽全力给你最大的幸福。"

南丁格尔凝视着他英俊的脸庞，觉得既甜蜜又苦涩，心想："决定的时刻终于来临了。"

"喔！理查德，我亲爱的朋友，你的心意我非常感谢。"她低下头，仔细的思考后，才无限伤感地接着说："我知道，以你的地位，你需要的是一位能全心服侍你的妻子，而我无论如何都不能放弃贡献人类的愿望。对你，这将是多么不公平！我怎么能答应你呢？"

事后，当法妮发现，南丁格尔竟然拒绝米伦斯的求婚时，感到非常震惊。

"到哪里再去找这么杰出的女婿？"她深感可惜，忍不住痛哭失声，"弗洛伦斯，你怎么这么糊涂啊？"

威廉也是气急败坏，只能不断地叹气。他没想到自己多年来费心栽培的女儿竟然会这么不懂事，把本可属于自己的美满婚姻硬生生地回绝了。

南丁格尔亦心乱如麻，尤其看见挚爱的家人对自己如

此失望，不禁伤心地流下了眼泪。

只有米伦斯，他虽然没有被心爱的人接纳，但在往后的岁月里，他仍是她忠诚的挚友。他一直默默地关怀着南丁格尔，随时给予她鼓励和支持。

转　机

经过拒婚事件，再加上父母亲的不理解，南丁格尔的情绪降到了最低点。她虽然照常参加社交活动，但是犹如行尸走肉。她经常无故头痛，心中一片茫然，偶尔还昏厥跌倒。

她不断地问自己："这样空虚的日子有什么意义？我还不如死了吧！"

还好，这时候，布列士布里兹夫妇再度邀请南丁格尔一起去埃及旅行。

"我们预备十月出发，在埃及过冬，然后前往希腊，途经德国，明年夏天再回国。"

"德国？"南丁格尔像是突然苏醒过来，她自言自语地说："开塞威特收容所不就在那儿吗？"

于是，1849年秋天，南丁格尔来到了埃及。

在那儿，她见识到古文明的悠久深远，心中充满了好奇与兴奋。不过，在那儿，她也亲眼看到拍卖奴隶的情形，心情变得十分沉重。

埃及是世界上最早实行奴隶制的国家，奴隶像货物一般被买卖，毫无自主权。他们额头上烙有标志，如果不服从主人的命令，立刻就有被割耳朵或丧命的危险。

1850年春天，南丁格尔一行人到了希腊的首都雅典，参观当地的学校和孤儿院，令南丁格尔感触颇深。

她在这里度过她三十岁的生日，当晚，她在日记上写着："上帝召唤我为贫病的人服务时，我才十七岁。如今事隔十三年了，我却仍一无所成。究竟什么时候我才能踏上那条路呢？难道这已是分外的奢望？难道上帝已经放弃了我吗？"

布列士布里兹夫妇知道，南丁格尔此行最想去的地方就是开塞威特医院，他们决定成全她的梦想。1850年夏天，他们先经由意大利的港口到达布拉格，然后再到柏林。当距离目的地越来越近时，南丁格尔也变得充满了活力，难掩兴奋的神情。

布列士布里兹夫妇故意安排两周假期到别的城市去，让南丁格尔独自一人去拜访位于莱茵河畔的开塞威特。

当南丁格尔走进开塞威特医院时，觉得自己像是前来朝圣的基督徒。

"这可是我多年来梦寐以求的地方啊！"

医院的创始人弗利杜纳牧师是位亲切的长者，他知道南丁格尔远从英国来，就亲自带领她参观了医院的每一个角落。

南丁格尔决定住在收容所里，这样她才有足够的时间仔细地观察附设的学校、医院、幼儿园等，而且提出心中所有的疑惑。

两个星期后，她依依不舍地告别。

"怎么样？有什么感想吗？"布列士布里兹夫妇注意到归来的南丁格尔，神采飞扬，和以前判若两人，不禁慈祥地笑着问。

"我从未见过那么清洁的医护场所。伦敦的医院根本无法与之相比，"南丁格尔兴奋无比地说，"而且，这儿

的护士都受过良好的训练，深受病人喜爱，做事也很尽职。"

对南丁格尔来说，这是一次珍贵的体验，也带给了她无穷的希望。

1850 年 8 月，南丁格尔回到英国。这次旅游让南丁格尔变得坚强，不再怯懦，她忽然觉得人生有了明确的方向。

美梦成真

当南丁格尔临别开塞威特医院，向弗利杜纳牧师道别时，牧师曾建议她记录下这两个星期来的所见所闻。于是，南丁格尔就趁着回国途中，把在医院里所接触到的一切加以分析整理，写下了三十二页的论文。

不久，市面上出现一本名为《莱茵河畔的开塞威特医院》的小书，署名为"一个不知名的小妇人"，书中对英国的女性同胞发出热情的召唤。

这是南丁格尔最初的作品，引起强烈的回响。可是，顽固的家人还是不赞成她的志向。父母亲每谈及此事，仍只是相对叹息。

这时，芭希突然心生一计，对母亲说："哎，妹妹这么有文学的才华，我们就劝她成为文学家吧！"

母亲听了非常高兴地说："是啊！弗洛伦斯从小就喜欢涂涂画画，富有想象力，相信她一定会喜欢这个行业的。"

于是她们两人把南丁格尔在旅行期间所写的短文、杂记偷偷地整理出版。

当芭希将出版的书送到妹妹手中时，不免踌躇满志地说："你看，这才是你该走的路啊！"

南丁格尔看到自己心血的结晶能够结集成书，确实感到惊喜。但当她了解母亲和姐姐的意图后，便再次毫不犹豫地向家人表明："我只想成为一名护士，请成全我吧！我一定要回到开塞威特，接受训练。"

不久，芭希又生病了，将由母亲陪同到德国的加鲁斯巴得去养病。南丁格尔见机不可失，再度提出前往开塞威特的请求。母亲这时彻底绝望了，无可奈何地说："看来，你是不会死心的，那……就随你吧！但是，你切记，我不准你从那儿发信给任何朋友，或对任何人谈及此事。我可丢不起这个脸！"

1851年7月，南丁格尔终于成为开塞威特护士训练所的一员。当她从弗利杜纳牧师手中接到编码为134号的蓝布制服时，真觉得如在梦中，不禁激动得两手颤抖。

开塞威特医院里人手不够，工作非常繁重。工作人员每天早上五点钟就必须起床，开始忙碌的一天。三顿饭极为简单，只有面包、青菜和汤。她还常常在半夜被唤醒，帮忙照顾病童。但是，她毫不在意，对医院里硬邦邦的铁床也甘之如饴。

"我多么喜爱这个工作！"南丁格尔心满意足地想。

她很详细地记载医院的组织和流程，而且特别留意护士长如何管理成员。她接受的任务，不管如何低下，从不推辞。

医院里的人员起初对她娇贵的出身颇多议论，但终于被她诚恳的态度所折服。医生们也欣赏她的工作态度，看她很渴望多学点东西，都愿意多花时间来教导她。她常主动到手术房里帮忙，一面认真地学习。

不久，她就成了医院里最受欢迎的人，尤其是那些病童，总指名要"又漂亮又温柔的弗洛伦斯阿姨"。

三个月很快就过去了，大家依依不舍地欢送她，对她的聪明才智和敬业乐群都赞不绝口。

南丁格尔很惆怅地想："如果我的家人也能够如此看待我就好了。"

原来，这段时间，她经常写信给家人，叙述她在医院里的生活，却从来没有接到回音，想来他们还是无法原谅她的决定。果然，当她回到家时，迎接她的是冷冰冰的态度，好像她是个服刑归来的罪犯似的。

但是，她的信念绝不动摇。

护士生涯

1853 年 8 月，命运之神终于对她微笑了。

这一年，赫伯爵士通过关系，为她介绍了一份义务性质的工作，担任"知识妇女疗养所"的监督职务。不用说，这件事又在南丁格尔家里掀起了轩然大波。

幸亏，这次父亲居然理解了她，还鼓励她，愿意每年

支付她五百英镑的生活费。在当时，这个数目足够一个中产阶级家庭过上很舒适的日子了。

为了工作方便，三十三岁的南丁格尔在伦敦租了一间房子，正式展开她的护士生涯。

这个疗养所专门收容贫病的女教师，只能容纳二十七个病人，所有的事务均由委员会来掌管。委员们起先并不支持她，以为她仗着家里有钱，不免财大气粗，因此常冷言冷语地讥讽她。

"哼！看她娇弱的模样，根本就是花拳绣腿，哪里能吃苦，又怎么能当监督呢？"

但是他们很快就发现，南丁格尔服务的热忱是真诚的。而且，她虽只受过三个月的训练，但是，因为她曾经参观过许多医院，也读过不少医学和卫生方面的书，对医院的改革很有心得。

果然，南丁格尔到任不久就提出了许多改革性的建议。

"我们应该在每个病房里都装设紧急呼唤铃，这样病人才能随时找到护士。"

"我们必须用小型升降机，直接将病人的饮食从厨房运送到病房。"

"医院里每一层都应该有热水管，使各个楼层都有热水可以使用。"

管理医院方面，她也发挥了令人刮目相看的才能。

她把医院里需要的物品全部列入清单，然后一次大量采购，享受优惠的折扣；她找专人为医院制作果酱，节省开支；若有不尽责的医生或护士，她马上就开除，绝不讲情面。

最重要的是，她破除了人种及宗教信仰的限制。她认为，只要是病人，皆可入院治疗，这改变了以前只收某种特殊阶级病人的规定。

她的作风发扬了人道主义精神，在那个年代是难能可贵的。她使任何患者都得以保障尊严和权利。

1854 年 1 月，南丁格尔在给父亲的信上说："谢谢您支持我来此工作，这正是我追求的生活。这是我有生以来觉得最快乐、最有意义的新年了。"

南丁格尔最难能可贵的特质是，对待病人的时候"身心兼顾"，不仅治疗患者的疾病，还为他们分忧、筹钱或安排假期等。出院的患者都对她心存感激，寄给她热情洋溢的信函。

"南丁格尔小姐，我不知要怎么感谢您才好……"

"您真是我们全家人的阳光啊！……"

"谢谢您为我们所做的一切安排……"

不过，当春天来临时，医院已经完全上了轨道，南丁格尔觉得自己在这儿的任务已经完成，应该再接受更艰难的挑战了。

她知道赫伯特夫妇正致力于医院的改革运动，但是，她问自己："没有好的护士，怎么可能会有好的医院呢？"

因此她想："护士这个行业才真正需要改革。如果，我能办一所护士学校，招聘品格高尚的女孩，给予她们专业的训练，那该有多好啊！"

但是，就在她着手筹备的时候，却发生了一件决定她今后命运的大事——克里米亚战争爆发了。

4. 克里米亚战争

艰难的挑战

"号外！号外！联军对俄国开战啦！"

天边刚蒙蒙亮，伦敦街头的报童就扬着报纸，大声地招揽着生意。路过的行人好奇地围过来，只见头版怵目惊心，全是关于克里米亚战争的报道。

在那个年代，浩大的奥斯曼帝国囊括了中东、北非以及大半的欧洲版图。当帝国势力日渐衰弱的时候，俄国因贪图黑海的控制权，不断对其发动战争。英国知道，如果俄国舰队由博斯普鲁斯海峡进入地中海的话，自己和殖民地印度的道路就会被切断，于是早有与俄国一战的决心。当时，法国也正和俄国处于敌对的立场。

1854年2月21日，俄国与法国、英国之间的外交关系断绝。3月28日，英国维多利亚女王正式向俄国宣战，法国亦加入英国同盟，声明为奥斯曼帝国而战。两国均派兵援助奥斯曼帝国，有名的克里米亚战争就此揭开了序幕。

"大英帝国万岁！"

"全世界有谁是大英帝国的对手？"

"是啊！英军一定会很快就获得胜利的。"

当时英国人民情绪高昂，认为战争不可能持续太久，于是只调动印度、马耳他等外地的守备军，而且支援和补给的工作进行得十分草率。

原先英军出发时的计划是前往君士坦丁堡北边的维也纳港。没想到抵达时才发现那里发生了霍乱，只好临时改变，连同原有的驻军一起驶往东边的克里米亚半岛。克里米亚半岛上的塞瓦斯托波尔是当时俄国舰队的根据地，也是俄国在黑海沿岸最重要的军港和要塞，因此英法联军希望能取得它的控制权。改航时，因为船只不够，英军只好舍弃大半的物资——包括帐篷、行军床、炊具和医药器材，然后将三万名士兵塞进船里往东航行。

1854年9月，英法两军在克里米亚半岛西南，距塞瓦斯托波尔约三十英里的卡拉米塔湾登陆，然后在六天之后，正式与俄军交战，旋即获得了胜利，给英国国民带来很大的鼓舞。但是，在这次战役中，英军伤亡惨重，死的死，伤的伤，到处躺着受伤的士兵在血泊中呻吟。

由于大半的医药器材都被舍弃了，英军连包扎伤口的绷带都找不到，更别提固定骨折的木板了。最后，数以千计的伤兵以及染上霍乱的患者全被塞进船里，驶离危险的前线，运往黑海南岸的斯库达里。

从克里米亚前方运伤兵到斯库达里，按照正常行程只需要四天半的时间。但因为风大浪高，船总是不能如期到达，有时竟会两三个星期。

那时，英国的军队并没有女护士随行。一来，因为她们在国内的信誉太差；二来，军医们并不信任她们的能力，所以只带了一些男护士，可是这些男护士毫无急救知识，充其量只是勤务兵罢了。而并肩作战的法军就幸运多了，他们有随队看护兵，还有专业的教会修女来细心照顾。

基于这样的差别待遇，英国国内的报纸常常有这样的舆论："英国人民，你们为什么袖手旁观、无动于衷？难道英国人自我牺牲的精神竟不如法国人？见义勇为的人在哪儿呢？"

接受任命

当时，伦敦《泰晤士报》特派记者威廉·罗素随伤兵从克里米亚坐船到斯库达里，曾把目睹的一些状况写成以下报道：

这些伤兵在拥挤的甲板上，没有床铺，没有毛毯，没有药品，到处都听得到他们的哀号，真令人心酸。

而不幸在旅途中丧生的士兵，尸体只好丢进冰冷的黑海里。

到达斯库达里的伤兵，因为码头设备落伍，若天气恶劣，不能直接靠岸，就得在海中等待。即便登陆了，也因为医院离岸甚远，又位于高地，伤病员无可奈何，能行动的就自己摇摇晃晃地爬上陡坡；不能走

的，只好耐心静等人手够了，再来搬运。

好不容易到了医院，又因人手不足，可能整整一个礼拜都不会有人过问。于是，有些流血过多致死，有些昏迷不省人事，更多的是断了手足或者头部、胸部受重伤的士兵，只能血迹斑斑地僵卧着。

英国百姓读了这篇报道，才知道士兵们的悲惨情况，不觉大吃一惊。

"好残酷，好可怜！"

"太可怕了！说不定我弟弟就是伤兵中的一个！"

"我们是堂堂的大英帝国，怎么能让它的子民如此受折磨？"

"……"

他们没有办法想象，自己深爱的父亲兄弟正受着那般折磨。

罗素又指出，前线最迫切需要的就是训练有素的医护人员。

最后，他为战士们发出紧急呼吁："难道英国的妇女中就没有人肯献身为在前线受苦的士兵服务吗？我们的妇女难道只会袖手旁观，而没有一个人肯牺牲去做救护的工作吗？"

这个呼吁有如平地一声雷，敲醒了奢华度日的英国贵族妇女。于是她们纷纷发起各项支援活动，并且催促政府赶快采取行动。

南丁格尔当时住在僻静的乡下，读了这篇报道，想到重伤的士兵没有人照顾、关心的凄凉景象，真是心急如焚。

她放下报纸，愤慨地以掌击桌说："不行！我必须去一趟克里米亚！"

于是，她立即提笔写信给赫伯特夫人，表明愿意去前线服务的心愿。

而这同时，正担任英国陆军部长的赫伯特爵士，也刚读了威廉·罗素的报道，非常震惊，正在考虑着，若派遣护士赴战场，谁才是最理想的领导人才。那时，他脑海里立刻浮现出南丁格尔的身影，于是马上写了一封信去征召她。

信中，他表达诚挚的请求：

南丁格尔小姐：

　　……相信您也读到了罗素先生的报道，多么残酷的景象啊！

　　我们已决定派遣护士到前线去。目前，我们最需要的是一位勇敢、刚强、有医学常识又懂得医院行政的领导者。只有您才能挑起这样的重担。

　　只是，您是否愿意呢？

　　请为前线的士兵们着想吧！……

西德尼·赫伯特

1854 年 10 月 14 日

　　南丁格尔当然是义不容辞的，她怎么能放过这个绝佳的机会？

　　"上帝终于赋予我明确的使命了，这正是我将全心奉献的工作！"她高兴地想，"而且，我要向世人证明，看护病人是最高尚、最神圣的行业！"

经过无数次的会议，英国内阁正式委任南丁格尔为英军赴奥斯曼帝国野战医院护士长。此消息一经发表便惊动全国。

"谁是南丁格尔？"

"听说是位高贵的年轻女士！"

"报上还说，她会讲很多种外国语言呢！"

"唉！可是一个女流之辈担任这样的重责，不太适合吧？"

大家议论纷纷，南丁格尔的大名一夜之间响遍各个角落。

还好，多数英国人民都热烈响应，从英国各地寄来的慰问金竟达七千镑。

赫伯特爵士也信心满满地告诉南丁格尔："前线所缺乏的物资与医药器材都已上路了。昨天，我们刚又寄出一万五千双鞋袜，你放心吧！"

亲朋好友们都结伴前来道贺，连一向反对她做护士工作的母亲和姐姐也觉得骄傲，高兴地为她购置衣服、收拾行李。

"妹妹，你能获得这么崇高的任命，真是我们南丁格尔家的光荣！"

"可不是吗？弗洛伦斯，我真是全世界最骄傲的母亲了。只是前线危险，你务必小心，知道吗？"

南丁格尔也知道，等着她的是一项艰难的挑战，所以专心地进行着准备工作。她从教会和众多申请者中挑选了有看护经验而品行端正的三十八个队员，再为她们精心设计了制服。看护队全戴着白帽，穿着附有披风的灰色衣裙，棕色的腰带上则绣有"斯库达里医院"的红字。

1854年10月21日，南丁格尔率领着三十八位队员与旧友布列士布里兹夫妇，一行人背负着全英国殷切的期望从伦敦出发了。

她的行囊里静静地躺着一封信，是曾向她求婚未成的米伦斯所写的。

他无限感慨地说："亲爱的弗洛伦斯，你声称无法承载我对你的感情，却接受了如此沉重的任命。……今后，不管你在何处，我都会祝福你的，也愿上帝与你同行。"

10月27日，从马赛开航的"维克提丝"号邮船，载着南丁格尔一行人，在四天后抵达马耳他岛。11月4日，这一行人登陆斯库达里。

斯库达里

"靠岸了！"

不知谁一声欢呼，原在船舱里休息的护士们全都奔上了甲板，攀在船舷上，迫不及待地极目远眺。

斯库达里，也就是现今的乌斯库达，是一座海滨古城，它与君士坦丁堡隔着博斯普鲁斯海峡相望。当地本来有一些简朴的城镇和村舍，如今只剩下荒凉的废墟和许多新立的坟冢。城里有一所医院，当时奥斯曼帝国借给英国作为收容伤兵之用，是英国在战区的八大伤兵医院之一。

南丁格尔一行人在海上航行时，遇到暴风雨，浪高水浊，好多护士晕船，头昏呕吐，变得非常虚弱。这会儿终于能上岸了，大家都松了一口气。可是下了船才知道根本没有交通工具，只好拖着疲惫不堪的脚步，沿着泥泞的道路向医院走去。路上，居然还有成群饥饿的野狗随行。

有些护士边走边打瞌睡。她们精神恍惚地说："累死了！待会儿可得好好先睡上一觉。"

等到了目的地，她们却大吃一惊，只能目瞪口呆地望着彼此说："这哪里是医院？简直就是个大仓库！"

原来，医院里一片脏乱，床铺紧紧地挨在一起，几乎没有走路的空间。整栋建筑物里空气污浊，马桶也塞住了，又没有通风设备，病房里弥漫着怪异而刺鼻的臭味。由于床单染了血迹，又没有换洗，像帆布一样粗硬，患者无法忍受，都宁可躺在铺着脏毯子的地板上。而走廊和窗外更是满地污秽和垃圾。

护士们都是第一次看到战地医院的情景，不由得满腹狐疑。

这时，忽然有位躺在床上的伤兵对着她们吃力地说："水……请给我水……"

南丁格尔左右张望，看到角落里有个木桶，就走过去，用旁边的瓢盛起水来，却闻到一股恶臭，吓得瓢都掉

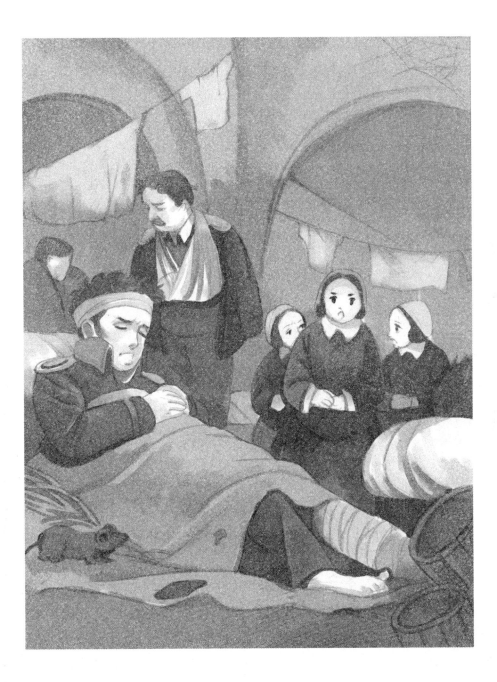

到地上去了。

厨房的情况更是糟糕，老鼠、蟑螂到处横行，除了铜锅之外，再没有其他餐具。所有的食物都在十三个大锅里煮。牛奶喝光了，面包像石头一样坚硬，奶油也发霉了，肉就像潮湿的皮革，而马铃薯又没有运到。

"这到底是怎么回事？"南丁格尔困惑地喃喃自语，又不敢置信地说，"西德尼提到的补充物资呢？都到哪儿去了？"

后来，她还发现，许多士兵长期没有吃水果或喝果汁，以致缺乏维生素 C 而得了坏血症，这些士兵的牙龈溃烂，完全无法咀嚼。可是，又没有蛋、果酱或布丁可吃，简直就要饿死了。

病房里没有枕头，又极缺毛毯，士兵只能穿着破损或沾满血迹的脏衣裤，上面常常长满了虱子。而且，洗衣间的工人把患传染病的士兵穿的衣服跟普通伤兵的衣服放在一起洗，弄得到处都是细菌。

这真是人世间最悲惨的一幕了。

另一方面，虽然英国政府事先对当地军医发出通告，要他们对南丁格尔率领的看护队务必尽力协助，可是医院里的官兵并不欢迎她们，常以鄙夷的态度对待她们。

高层的主任医官霍尔是位古板而专制的人，他认为南丁格尔的出现对他是种侮辱，也对他的职权造成了威胁。

"派这些所谓的护士来实在是一件可笑的事。我都忙死了，哪有时间伺候她们？"

他安排所有的护士住在五间又小又脏的房间里，也不给她们日常需要的家具，更不准她们接近任何病人。

他还故意拿南丁格尔的名字开玩笑说："这儿不需要她们任何的协助！这只自大的'鸟儿'，我要她知难而退，滚回国去继续当她的千金小姐！"

南丁格尔当然非常生气，但是她既已来到了这形如地狱的环境，无论怎样，也绝不灰心。而且她明白，为了伤兵的利益，千万不能意气用事。于是，她装作若无其事，开始带领护士们做些清扫、修补的杂事。只是，一伙人面对着眼前大片混乱，忍不住茫然起来。

"真糟糕！该从哪里下手呢？"

"嗯，大家就先从洗床单开始吧！"

南丁格尔还特别交代护士们："请大家务必要容忍。不管军医们如何奚落与欺侮，我们都不能顶撞或发生冲突，知道吗？"

她相信，只有以高度的热诚和好意，才能扭转局势，目前唯有以惊人的耐力，静静地等待时机的来临。

在她们抵达斯库达里的十天前，刚好发生激烈的巴拉克拉瓦战役，联军伤亡惨重；而在她们抵达时，又发生了因克尔曼之战。前线传来的消息说，那儿的天气严寒，雨雪不断，士兵们住在漏雨的帐篷里，又在结冰的壕沟里守备，都冻坏了。现在，两次战役的大批伤兵正源源不断地来到斯库达里，使原本就已拥挤不堪的医院雪上加霜。

伤兵中有许多是冻伤的。为了医治伤口，需要替他们脱掉衣服，但因为皮肤与衣物冻结在一起，所以，不得不把衣服剪破；脚部也是一样，因为需要把长筒靴分节切开，有时候冻结的肉也会跟着靴子一起被割下来，简直惨不忍睹。

军医们在这惨状中忙得团团转，从清晨忙到深夜，弄

得精疲力竭，还是无法应付。

霍尔看在眼里，虽然百般不情愿，也只好做出无奈的决定："唉，好吧！就让南丁格尔的护士队来帮忙吧！"

时机成熟

南丁格尔早已准备就绪，就等着这一刻的来临。这时，她卷起衣袖，精神抖擞、有条有理地指挥大伙儿投入工作。

她首先要看护兵把发出恶臭的尿壶拿出去清洗干净，又购买了两百把刷子，带头将医院的地板彻底地洗刷一番。然后，她要护士们缝制很大的袋子，先在里面塞满稻草，缝合后，再铺在病房和走廊上当病床使用。每有伤兵来到，就先帮他们脱下沾满血迹和泥土的军服，为他们换洗干净，然后在舒适的床铺上，立刻为他们治疗伤口。

当伤兵送达时，外科医生通常会把认为没有希望的跟还可救活的分开。

有一次南丁格尔看到五位伤兵被弃置在墙角，就问军医说："为什么把他们丢在这里？"

军医摇摇头说："因为他们已经没有希望了！"

南丁格尔看着这五位奄奄一息的年轻人，想到他们远方的家人，觉得很不忍心，就对医生请求："请问，能把他们交给我吗？"

军医很不耐烦地回答："哎！真啰嗦，你要就领去吧！"

于是，南丁格尔整夜坐在这五个伤兵的床边照顾。

"来，试着喝点温牛奶吧？"

"消毒很痛吗？我马上就包扎好了，请忍耐！"

"天就快亮了，加油！你要勇敢些啊！"

第二天，当太阳从东方升起时，这五名士兵竟全都恢复了知觉。军医很诧异，也第一次对南丁格尔产生了敬佩之心。

护士队出发时，虽然赫伯特爵士再三保证，前线所需的物资必会定期补充，但为了慎重起见，当船只经过法国时，南丁格尔还是购买了一些急需的东西，包括简单的小火炉。这会儿可派上了用场。她和护士们轮流用小火炉炖煮鸡汤，然后一匙匙地喂伤兵吃。

有一次，当南丁格尔正在喂病人吃东西时，那位病人忽然伤心地抽泣起来，把南丁格尔吓了一大跳。

"怎么了？安迪，是不是伤口很疼啊？"

"不是的，南丁格尔小姐……我只是觉得太幸福了，我已经好久没有吃到这么好吃的食物了。"安迪不好意思地说。

但是，南丁格尔并不因此而满足，要做的事太多了！

她每天工作超过二十个小时，从无怨言。

那个时代，麻醉药的使用还没有像今天这样普遍，所以只要有士兵需要动大手术，南丁格尔总是守在一旁看顾，用温柔的语调哄劝着，使得性情粗暴的士兵也会勇敢地接受手术。

她忙着列出清单，向国内申请实用的器材，比如食物托盘、钟、手术台等，还派人去君士坦丁堡，购买手术时隔离用的屏风，这样，病人就不必眼睁睁地看着他们的同伴在利刀下哀号的景象了。她也定期前往补给站领取士兵们需要的日常用品：袜子、刀叉、毛巾、香皂等等。补给站缺货时，她就自掏腰包，补齐这些货品。

她以坚忍不拔的毅力不眠不休地工作着，使得斯库达里医院的情况明显地获得了改善。

可是，和她一起工作的高级医官和司令官们见到南丁格尔深得人心，工作效率惊人，难免产生嫉妒，于是百般奚落她、毁谤她。

"又是热汤，又是干干净净的厚外套，何等的享受！她以为这些士兵都是来度假的吗？能够保住性命就够好啦！"

而且，并非所有的护士都像她一样能吃苦。夜以继日的工作对南丁格尔而言是理所当然的付出，但对普通人来说却是一种难以胜任的重担。

有一天，四位护士在走道上拦住南丁格尔，哭哭啼啼地说："护士长，我们受不了了。每天起码要工作十五个小时，还得把床位让给伤兵睡，我们……我们要回国去了。"

南丁格尔拉着她们的手说："我知道你们受苦了，但是，请为了这些伤兵，多多忍耐吧！"

"不！在这儿吃不好又睡不好，我们真的撑不下去了。"

她看劝阻无效，只好无可奈何地说："既然如此，想回去就回去吧！"

　　那时，南丁格尔自己也已经两天没有睡觉了，目送着这些护士离去的背影，她感到很疲倦，也很难过。

　　但是，她坚定地告诉自己："这不是伤心的时候。照顾病人是我的天职。再辛苦、再累，我都不会动摇！"

5. 提灯天使

大力改革

"护士长，护士长！病房又漏水啦！"

大清早，就有人气急败坏地奔进来报告。

"唉！已经两个礼拜了，怎么修补屋顶的公文还没到呢?"

南丁格尔不禁叹了一口气，这是最令她头疼的问题了。医院里虽设有经理部，但事事都得向总部请求批准，连屋顶漏水这种小事也不例外。

那时的英国政府非常没有效率，喜欢官样文章和繁文缛节，连医院里每天的三餐饮食都得经过许多手续才能顺利解决。有时，大量的包心菜、红萝卜已从英国运来，却因未接到命令、不能开封而任其腐烂、损坏。

曾有一次，由内政部运出的两万七千件衬衫已从船上卸下，只要打开包裹就可发给士兵使用，官员们却说命令未到，不能照办，他们以军令严厉、不能违背为借口，竟真的拖延了下来。

另一次更离谱，好不容易盼来的一万多套床具已经按照病房分发妥当，护士们兴高采烈地铺好，病人们正舒适地享受着干净清爽的枕巾和床单。忽然，管理库藏的长官怒气冲冲地冲进来问："是谁擅自主张拆包的？"

原来，批准拆包的命令因故耽搁，尚未抵达。最后，在护士、病人不能置信的惊愕中，所有的新床单竟然又被剥掉拿走。

南丁格尔实在忍无可忍，立即写信给陆军部长西德尼·赫伯特爵士，将斯库达里医院不合理的地方向他做详尽的报告，请他立即给予适当的处置。

还好，赫伯特爵士对南丁格尔百分之百信任，每次都会听从她的建议，随时给予有力的支援。

与此同时，南丁格尔下决心要在医院里各部门做大规模的改革。

首先，她把厨房重新整理一番，把医院里的食物按症状缓急程度，给予不同的种类和分量，并改善分配食物的方法，让伤兵除了热腾腾的正餐外，还可以随时吃到肉汁和果酱。

其次，她向土耳其人租了一个房间，装上蒸汽锅，作为消毒衣物的洗涤室，雇用当地的妇女担任洗衣的工作。从此，伤兵都有洁净清爽的衣服可穿了。她还自费买了许多鞋袜、裤子和睡衣，发给大家。当伤兵拿到新衣服时，都感动得痛哭流涕。

有一天，南丁格尔正在病房里忙着，勤务兵突然带来一位访客。

"南丁格尔小姐，我叫亚历西斯·苏伊瓦，来向您报到了。"

"哎呀！赫伯特先生跟我提过，没想到这么快就来了。欢迎！欢迎！"南丁格尔惊喜地说。

苏伊瓦是位年轻的法国人，他原本在伦敦的高级俱乐部当厨师，在饮食界很有名。他在《泰晤士报》上读到有关南丁格尔的报道后，深受感动，于是主动辞去高薪职务，千里迢迢跑来了。

苏伊瓦随着南丁格尔到厨房看了一眼，就决定来个全面翻新。他先装上烤箱，让伤兵们可以吃到新鲜柔软的面包；又自制了一个容量足够供五十个人饮用的大茶壶。可以走动的病人都兴奋地跑来厨房参观，指指点点地笑着。

"好香喔！苏伊瓦大厨，今天是不是又有小饼干吃啦？"

"哇！这茶壶可是个巨无霸！真好玩！"

过了一段时间，南丁格尔决定扩建病房。斯库达里医院里有一个废弃的大厅，应该可以顺利改建。

军医们都嘲笑她说："这女人简直是痴人说梦。只怕等到战争结束，她申请的公文还下落不明呢！"

但是，南丁格尔并不灰心。她直接写信给英国驻君士坦丁堡大使的夫人，通过她说服了大使支援医院扩建的工程。于是，由大使下令进行扩建工作。

本来，工事进行得非常顺利。不料在工程途中，这些工人忽然要求加薪，谈判不成竟罢工了。南丁格尔连忙再去找大使出面，大使听后，觉得麻烦重重，决定置之不理。

南丁格尔走投无路，只好动用《泰晤士报》的捐款，另外雇用两百名工人加紧赶工，千辛万苦总算如期完成。

那天晚上，虽然身心俱疲，但是，当她凝视着刚扩建完工的病房，想到从此可以加放八百个病床、容纳更多伤兵时，不由得露出难得一见的笑容，而且甜美地进入了梦乡。

梦里，她又回到了李·赫斯特的草原，欢快地奔跑着，跳跃着……

提灯天使

曾经有这么一首诗：

看啊！
在那充满苦痛的病房里；
一位提灯的天使，
正穿过凄清朦胧，

忙碌地奔波着。

还有那无言的患者，

待她身影投到幽暗的墙上时，

转身亲吻它，

缓慢，似在幸福的梦中……

这些动人的诗句来自美国诗人朗费罗的《提灯天使》，描写的就是伟大的南丁格尔，赞美她那可歌可颂的精神。

原来，当黑夜笼罩着医院，而所有军医、护士都已就寝的时候，英国的士兵就会看见南丁格尔，戴白帽，围白裙，在深夜里提着一盏幽暗的煤油灯，来回巡视着病人，于是以"提灯天使"称呼她。

斯库达里医院的病床虽然紧紧地挨在一起，但绵延有四英里之长。南丁格尔拿着油灯，在寒冷的黑暗中摸索着前进，慢慢地走近患者的床前，侧耳细听每个人微弱的呼吸声，又蹲下身来认真查看伤兵们的面色，替病人盖好被子。当病人醒着时，她就用鼓励的口气对他们耳语，给他

们水喝，或替他们翻身、换药，病人们常感激得流下泪来。他们崇拜这位提灯的女郎，更敬爱她，甚至每晚等着她的来临，要亲吻她投射在墙上的影子，才肯沉沉入睡。有些病人在她经过时，伸出手来，只要能碰着她的衣角，也感到安慰。

伤兵们也都知道，这位护士长胆大勇敢，他们相互传说，有一次病床上出现一只大老鼠，护士们纷纷尖叫闪避，只有南丁格尔闷不吭声，拿起伞来就把它打死了。

《泰晤士报》的威廉·罗素也曾写过一篇长文，以《提灯天使》的标题刊出，报道她那令人感动的爱心与温柔。因为这些报道，英国百姓对南丁格尔产生由衷的敬意，只要有她的消息从前线传回，都会立即引起民众热切的关心。

伤兵们彼此聊天，也都衷心地感谢："南丁格尔小姐真是我们苦难中的救星啊！"

她手中的灯温暖了伤兵的心，也为他们照出了希望。

有一晚，星辰在斯库达里的上空闪烁着，医院里除了伤兵痛苦的呻吟外，一切都是寂静的。南丁格尔照常提着一盏灯，巡视病房。

忽然，有一个微弱的声音传来："是……南丁格尔小姐吗？"

南丁格尔连忙放下油灯，蹲到病人的床前，轻声地说："嗯，是我，你哪里不舒服吗？"

这位病人祈求地望着南丁格尔，用他虚弱的手比着上衣口袋。

南丁格尔迅速地帮他把口袋里的东西拿出来，发现是封皱巴巴的信，看得出来已经不知被展阅过多少次了，还有一张小照片，是位年轻妇人抱着刚出世的婴儿，笑得很甜美。

"南丁格尔小姐，我怕是不行了。请您……请您一定要将这两样东西……交还给我妻子，让她知道，我至死……都想着他们，谢……谢！"

然后，他困难地喘着气，再也无法睁开眼睛。

南丁格尔忍不住流出悲痛的眼泪，握住病人的手，虔诚地祷告起来。清冷的月光从窗户照射进来，将她跪着的身躯拉出长长的影子。

女王的鼓励

南丁格尔无微不至的关怀令伤兵们非常感激，送给她"提灯天使"的称号，而且流传至今。然而，"提灯天使"的写照只不过是南丁格尔生活中的一部分。她大半的时间和精力都花费在文件和杂事的处理上。

她每天与不同的人接触，包括医生、护士、军官、厂商、工人等，回答问题，也提供建议。对需要的物品，她必须列出详细的清单；对进出的钱财，她必须留下清晰的记录，她还有写不完的信件和报告。

她写信的对象包括相熟的朋友与政治家，只要是能帮助她改革心愿的，她都愿意执笔；也包括散布在国内各地的陌生人，感谢他们捐来劳军物品的仁慈心意；更包括伤兵们的家属，尤其是生命垂危的伤兵，她总在信里逐字逐句地写下病人临终所托的遗言，还要温柔体贴地加上安慰的言词。

而她写得最勤的还是给赫伯特爵士的书信，她巨细靡遗地向他做报告，有时候讲述军队中的不平等待遇和官僚气息，有时候则谈论军医组织必须改革的方案。

有一天，维多利亚女王写信给赫伯特爵士，要他将南丁格尔从斯库达里寄来的一切报告全部送入宫中让她过目。

女王花了数天的时间，详细阅读那些报告后，深深为她的勇气和才干所感动。

她对赫伯特爵士说："请你要南丁格尔女士为我转告前线的士兵，让他们知道，我非常佩服他们的勇敢，没有人比我更能感受到他们的痛苦。"

当南丁格尔将女王的话转告给全体官兵时，官兵们个个士气昂扬，都把身上的伤痛给忘了，全流下感动的热泪。

"原来女王这么关心我们，并没有忘记我们呀！"

一时间，伤兵们欢天喜地叫喊的声音此起彼落。

不久，女王又亲笔写了一封信给南丁格尔，信上除了感谢、勉励的言语，还很诚恳地说："……若有任何请求，尽管提出，王室必尽力支持。"

这封信令南丁格尔看到一线曙光。她立刻把握机会，向女王进言。

"士兵们在战场上受伤，已经够可怜了，如果留医期间，不能照常支薪，这不是让所有为国为民受伤的战士寒心吗？"

"这儿有许多年轻的士兵不幸为国捐躯了，却没有安眠的地方。您是否可以向奥斯曼政府要求，划出一块土地，用作阵亡战士的墓园，使他们有个安息之处？"

女王接到信后，马上采取行动，将两件事都很快地办妥了。女王的行动无形之中提高了南丁格尔在本国和战场两方面的地位。一向轻视她的军医和官员们也都自然地对她另眼相看了。

拯救灵魂

转眼之间，南丁格尔一行人抵达斯库达里已经有半年了。

这半年来，斯库达里医院的情况已截然不同。它现在看来舒适而干净，再也没有难闻的恶臭，也不再是培养细菌的温床了。

病人有护士们定时为他们梳头、刷牙、清洗伤口、拆换绷带，还为他们换衣服、换床单。死亡率也由百分之四十二降至百分之二！原本三千四百多名的病人，也只剩下一千名，而不能离开病床的只有一百名。

最明显的是，一些原本言行举止非常粗鲁的士兵，因为受到南丁格尔的感化，都不再口出恶语，长廊上到处充满了士兵们温和的谈笑声。

但是，南丁格尔很快就注意到了，军营附近的几间酒吧里总是密密麻麻挤满了伤兵，有的拄着拐杖，有些头上还扎着绷带。他们在那里喝酒作乐，惹是生非，总要把每个月的薪水都花光了才肯离去。她眼看着即将痊愈的士兵们毫无生活规律，沉溺在不良的游乐中，不禁感到痛心和失望。

"这些不守纪律的士兵就像迷途的羔羊，我应该怎么做才能拯救他们呢？"

南丁格尔推断，士兵们会去酗酒闹事，主要是因为没有正当的事情可做。于是她苦苦思索，终于想出了一个办法。

首先，她决定设立图书馆和娱乐场所。

"如果，我们能够提供报纸杂志、富趣味性的书籍，以及有益身心的娱乐器材，那么士兵们就不会被不良嗜好所吸引了。"

这项计划一经报道，后方人民一致响应，争相捐赠各种书籍和娱乐用品。南丁格尔的母亲和姐姐还帮着把这些赠品分类、包装，再邮寄到斯库达里。而这些赠品，不论是用什么交通工具运送，国家一律给予免费的优待。

那时，有位贵族刚好来到斯库达里劳军，为了响应这项支援号召，也自动捐赠一栋房子，作为图书室之用。

不久，军中俱乐部正式开放，附设有图书室，并提供各种游戏，包括桥牌、飞镖、乒乓球、各种棋子等，所有士兵均可以免费享受俱乐部的设备。有些士兵还组织了合唱团和戏剧社。南丁格尔还开设识字班，教士兵们读书，并经常从国内聘请一些学者专家到斯库达里做简单的人文、科学演说。

另外，她决定设立茶店以代替诱惑士兵的酒吧。茶店就设在士兵往返最频繁的中心地带，取名为"因克尔曼茶店"，以纪念因克尔曼大激战。它靠近美丽的博斯普鲁斯海峡，许多士兵吃过饭后，就到这儿来喝茶或喝咖啡聊天，不再出入声色场所了。酒吧的生意大受影响，那些老板还因此对南丁格尔很不满。

第二项计划就是鼓励储蓄与写家书。

南丁格尔很温和地劝这些伤兵："其实，战地根本不需要什么花费，与其用这些钱来花天酒地，还不如把每个月的薪水储蓄起来，寄回家去。

"何况，你们难道不想念年迈的双亲和久违的妻儿吗？想想看，当他们收到你们的信和汇款，将会多么的高兴和骄傲啊！"

她慈爱的态度打动了士兵们的心，令他们惭愧得流下泪来，都发誓要改过自新，不再滋事胡闹。

很多士兵因此写了出征以来第一封家书，也有很多士兵争先恐后地拿出钱来，豪气干云地说："南丁格尔小姐，请你明天就帮我寄出吧！"

起初，南丁格尔收到士兵们的存款，就寄给伦敦的史密斯姑丈，请他以汇票方式送交给每位士兵的家人。后来，由于她的奔走，英国政府答应出面办理这项汇款计划，正式由内阁设立汇款事务所。结果，在六个月中，士兵们一共寄回了七万一千英镑的存款。

6. 克里米亚前线

赴前线

晴朗的早晨，南丁格尔走出斯库达里医院，惊奇地发现，朝阳下满眼碧绿的树梢，正随着和风轻轻地摇曳着，空气里弥漫着舒爽凉快的气息，才想起夏天已经来临了。

这时，她突然想："哎，天气暖和了，我要到克里米亚去！我得去视察那儿的医院，也顺便到前线去'观光'一番。"

一直都很照顾南丁格尔的布列士布里兹夫妇听到这个消息时，非常担忧，就劝她说："前线多危险啊！还是别去了！"

但是，南丁格尔主意已定。

"我一直很担心前线伤兵的情形，只是因为太忙，一直无法成行。现在医院的患者已减少到一千名，工作轻松得多了，这是个难得的机会。"

布列士布里兹夫妇实在不放心，于是决定随行。

厨师苏伊瓦知道后，也兴冲冲地说："嘿！那我也去吧！自从战争以来，不知道这些可怜人都吃些什么乱七八糟的食物，让我去帮他们调理调理！"

南丁格尔忍不住笑起来："好极了！前线的士兵能有你这个大厨师伺候，那可是天大的福气！"

于是，他们一行四人，于1855年5月2日，坐"罗伯特"号邮船从斯库达里出发。

当船抵达巴拉克拉瓦港口时，南丁格尔看到码头和许多大船的甲板上都挤满了人，吓了一大跳。

"哇！大家快来看，'提灯天使'来了！"

原来这些人都是来迎接她的。人群中，有些是克里米亚半岛巴拉克拉瓦医院的军医和官员，其他都是闻讯赶来的群众，想一睹传闻中"提灯天使"的风采。

突然，有个士兵，一拐一拐地挤到南丁格尔面前，兴奋地问道："南丁格尔小姐，是我啊！您还记得我吗？"

"原来是你，麦克！我当然记得。你的腿伤好了吗？"

"全好啦，您看！"麦克嚷着，边敲着两腿的膝盖，又转身面对挤成一团的人群说，"上次，在斯库达里，要不是南丁格尔小姐，我早就没命了！她可是我的救命恩人呢！"

南丁格尔就在士兵的盛情接待下，前往医院逐一视察。

克里米亚战场上，规模较大的医院共有四所，彼此距离都很遥远，而且整个半岛多是岩石的地形，行走不易，南丁格尔只好以马代步，奔波在各个医院之间。

每到达一所医院，她都发现它和六个月以前刚到达斯库达里医院时的情况一样，肮脏和混乱。何况，住在这儿的病人需要忍受比斯库达里还要寒冷的冬天，所以身体更加虚弱。

其间，她还骑马前往俄军控制下的塞瓦斯托波尔。那一带是敌兵经常攻击的地点，非常危险。南丁格尔在用石头砌成的碉堡中，用望远镜眺望塞瓦斯托波尔市内的建筑物，以及英法联军和俄军之间所进行的炮战。她甚至还爬到置有炮台的小山上，眺望敌军白色的帐幕、塞瓦斯托波尔森严的城垣，以及从壕堡里透出的灰白色的烟火，她还听到了隆隆的枪炮声。

在克里米亚，南丁格尔认识了深受国人爱戴的拉格兰爵士，也就是统领英军的总司令。他非常勇敢，又有丰富的作战经验。国人都知道，在滑铁卢战役中，他曾在没有麻醉药的情况下接受切掉手臂的手术，手术后，他还面不改色地要求士兵把他的断臂找回来，因为断臂的指头上有爱妻送给他的珍贵的结婚戒指。

病　倒

南丁格尔拿出六个月前整顿斯库达里医院的精神，决心要让克里米亚的各家医院也都步上轨道。

不过，这儿也属于霍尔医官的管辖区，他一直对南丁格尔怀恨在心，现在更以她只有"英军赴奥斯曼帝国野战医院护士长"的头衔为理由，认为克里米亚不在奥斯曼帝国境内，当然没有她插手的余地，所以对她百般刁难。

这一天，南丁格尔一如既往地去巡视分布在巴拉克拉瓦地区的医院，可能因为接连两三天的视察，太过劳累，也可能是克里米亚的五月已是盛夏，中了暑，总之，那天回到办公室后，她就脸色苍白，虚弱得站不住了。

这时，苏伊瓦刚好经过，看见她右手抚着额头，左手撑住桌子，眼睛紧闭，一个箭步冲进去扶住她。

"哎呀！南丁格尔小姐，您病了！快，先坐下来。"

然后，苏伊瓦慌慌张张跑去通知布列士布里兹夫妇。等第二天军医赶到，才诊断出南丁格尔是患了"克里米亚热"，这是当地一种恶性的流行病。南丁格尔这时已经开始发高烧，而且精神错乱、呓语不断，医生连忙把她送到位于海拔八百英尺高的疗养院内，那里比较清静，宜于养病。

南丁格尔病倒的消息马上传遍了整个巴拉克拉瓦地区，也传到斯库达里去了。那儿的伤兵都忘记了自己的病痛，伤心地号哭着。

他们异口同声地祈求上帝："亲爱的主啊，请您保佑仁慈的南丁格尔小姐吧！我们情愿以我们卑微的生命去换取她的健康！"

南丁格尔在山上疗养的时候，拉格兰爵士还特地带着副官去探望。他不改英勇的本性，一点都不怕传染，踏着大步进入病房，当场向南丁格尔表达由衷的敬佩和谢意。

很幸运，在随行护士的细心照料下，南丁格尔的烧终于退了，而且在两个星期后，奇迹般清醒过来。但是她变得非常瘦弱，也无法自己进食。军医们都建议她返回英国本土："你就趁这个机会回国静养吧！好吗？"

但是，她无论如何不肯答应，坚持要留下来继续工作。

"没有了我，这些孩子该怎么办？"

她指的是战地的伤兵，对她而言，他们都是她亲爱的孩子。

为了安抚她，布列士布里兹夫妇决定先护送她回到斯库达里。

"至少也应该回到斯库达里去休养吧！否则，你又会病倒的，那岂不是太得不偿失了？"

他们安排士兵用担架将南丁格尔抬下山去，然后乘坐专门运送伤兵的快艇回斯库达里。快艇正要驶离时，拉格兰爵士又匆匆跑来送别。未料，这是他俩最后一面，因为数周之后，即 1855 年 6 月 28 日，拉格兰爵士就罹患霍乱与世长辞了。

当南丁格尔被搀扶着回到斯库达里医院时，病房里的伤兵都不约而同地挣扎着爬下床，行动不便的患者也拄着拐杖，静立在床边，当南丁格尔行近时，伤兵都不由自主地向她举手致敬。士兵们对她的爱戴之情在这无声的仪式中表露无遗。

休养的这段时间是南丁格尔生命里最悠闲的岁月。她日夜面对着君士坦丁堡的堡垒和尖塔，觉得好像回到了家一样安全。

她也爱在墓园里徘徊，因为有许多英国的无名英雄在这儿长眠着。她常常静坐在翁郁的柏树下，听鸟儿歌唱，望着博斯普鲁斯海峡的浪涛，陷入沉思。有时候，她会采些野花做成花束，打算要留作纪念。

她深深地吸入花草的香味，有点惆怅地想："这海、这树、这花，都将是我记忆里永不消逝的烙印啊！"

不久，南丁格尔又开始到医院工作，日子回到了原来的轨道上。

没想到，7月底，布列士布里兹夫妇因为承受不住长期以来的困苦环境与压力，决定返回英国休养。

"亲爱的弗洛伦斯，真的非常抱歉，我们就要把你一个人孤零零地丢在这儿了。回去后，我们会马上写信给你的，请务必好好保重。"

南丁格尔依依不舍地送走他们，不禁流下伤心的眼泪。她觉得自己失去了最强而有力的支柱，感到无比的孤独。

几天之后，南丁格尔正在办公室里忙着，突然来了一位神秘的访客，竟是她最喜爱的梅姑妈。

"喔，梅姑妈！真的是您吗？我不是在做梦吧？"

"不，弗洛伦斯，真的是我。"

梅姑妈看到久别的南丁格尔苍白瘦弱，心如刀割，忍不住搂住她，怜惜地说："看你，怎么瘦成成这个样子？我早就应该来帮你了。"

梅姑妈的出现安慰了南丁格尔失落的心，温暖的亲情也带给了她无穷的力量。而且，梅姑妈来得正是时候，因为那时所谓最后一役的塞瓦斯托波尔突击开始，医院里，伤兵源源不断地拥进，大家又忙得不可开交了。

再赴前线

1855 年 9 月，在英法联军的苦战下，俄军终于弃守塞瓦斯托波尔，克里米亚战争就此接近尾声。但是，在这一役中，英军也付出了惨痛的代价，牺牲的士兵高达一万人。

10 月，南丁格尔再度带领着苏伊瓦及几位护士回到克里米亚半岛。这时候，医院里仍挤满了伤兵，迫切地需要医护人员的照料。为了能顺利推动各项改革，南丁格尔决心主动向霍尔医官示好，表达和解的诚意。可惜，天不从人愿。原来，刚回到英国的布列士布里兹夫妇正在对国人指控霍尔医官对南丁格尔百般刁难的经过。这事传到霍尔耳中，令他大发雷霆。他把气全出在南丁格尔身上，使她的处境更加艰难。那时，她身体仍然非常虚弱，经常头痛、耳鸣，还有风湿、喉炎的毛病。11 月底，当斯库达里爆发霍乱，她匆匆赶回救急时，真有精疲力竭之感。

然而，英国人民对南丁格尔的崇敬可以说已达到了巅峰。"提灯天使"成了大家茶余饭后最津津乐道的话题，大街小巷到处都可听到赞美她的流行歌曲，也到处都读得到称扬她的传记和报道。她的形象被塑成迷你瓷偶热卖，也被塑为雕像，在有名的蜡像馆展出。人们都争着以"弗洛伦斯"来为他们钟爱的街道、船、赛马和新生的婴儿命名。

在这一波爱慕南丁格尔的热潮中，她的好朋友们——包括西德尼·赫伯特爵士与米伦斯先生——发起了"感谢克里米亚天使"的运动。

他们一起商讨着："到底用什么样的方式最能表达全国人民由衷的崇敬与感谢呢？"

这时，赫伯特爵士忽然灵机一动："弗洛伦斯最大的心愿不就是办一所护士学校吗？如果我们现在就开始筹措基金，那么等她从前线回来时，就可以着手兴建了。"他兴奋地说："想想，她将会多高兴啊！"

于是，他们召集了许多当时英国有地位、有名望的人，在1855年11月正式成立委员会，募集"南丁格尔基

金"，鼓励全国人民以乐捐的方式来报答南丁格尔的贡献。

南丁格尔的家人也应邀出席了这个集会。

事后，法妮去信给南丁格尔说："11月29日是我一生中最高兴的一天，我以身为你的母亲为荣……"

果然，英国人民对这个运动的反应极为热烈，短短一年的时间就已募集了四万四千镑的捐款。大家情绪高昂，紧锣密鼓地进行着欢迎南丁格尔归国的计划。

与此同时，奥斯曼君王为了表达对南丁格尔的谢意，特地赠她一副美丽的钻石手镯，还送了丰厚的奖金给她和她手下的护士们；而英国的维多利亚女王亦赐给南丁格尔一枚灿烂夺目的胸针，这枚胸针由王婿阿尔伯特殿下亲自设计，上面镶满了钻石，嵌有红宝石的十字架，周围有"富怜悯心者必为神所佑"的格言，背面则刻着："对于成千上万的伤兵与患者，你献出了无比的爱心和苦心，我一直深感钦佩。在此我代表英国子民向你致上谢忱与敬意。"

收到如此名贵的礼物，南丁格尔的反应却非常冷淡。她说："其实，我只不过是照着神的旨意办事罢了，有什么值得表扬的？"

对她而言，名誉、宝石、财富都不重要，她的心全都惦记着前线的伤兵们。

自从南丁格尔来到战地之后，曾多次将前线官僚、腐败的情况向国内禀报。英国政府针对此事，派遣一个特使团，前来察看实情，结果发现南丁格尔所说的全是事实。为了让南丁格尔不再受到霍尔医官等人的刁难，陆军总部发出公文，任命南丁格尔为"战地护士总监督"。公文里明确指示，包括斯库达里及克里米亚所有战地医院的护士，全都归她管理、调度。

带着这个新头衔，南丁格尔于1856年春天再度回到巴拉克拉瓦。她决定添设两所临时医院，院址就选在她养病的小山附近。她每天便奔波在克里米亚所有大小医院之间，有时骑马，有时乘坐马车，必要时还得步行。除了照顾病人，还得处理堆积如山的行政文件，总是忙到深夜才休息。

和她同往前线的苏伊瓦就曾写信对朋友说："不知有多少次，我亲眼看见南丁格尔小姐连着几个小时站在大雪纷飞的山上，随时给工作人员指令，她实在太辛苦了。"

但是，每当看到巴拉克拉瓦各个医院脏乱的情形，她就无法停下来。南丁格尔再次领着护士们，大刀阔斧地进行整顿。

悄悄回国

1856年4月，克里米亚战争终于落幕，5月30日，俄国、英国、法国和奥斯曼正式签订了和平条约。

伤兵们都欣喜若狂，他们群集在医院的走道上，嘶哑地喊："这是真的吗？我们真的可以回家了吗？喔，仁慈的上帝，我是多么开心啊！"

6月底，南丁格尔决定先返回斯库达里，结束前线的护士业务。临行前，她来到巴拉克拉瓦的小山上，徘徊在凄凉的荒冢间。想到这些长眠在青草下的年轻人至死都惦记着家乡的父母和妻儿；又想到这儿还埋葬着千里迢迢、专程前来看护伤兵却为国牺牲的护士们，不禁黯然神伤。

她决定在那里设置一个大理石制的十字架，在十字架的底座刻上《圣经》里的话："愿上帝怜悯我们。"这是她贡献给为国捐躯者的纪念物，后人称之为"南丁格尔十字架"。

回到斯库达里后，她亲切地向每位护士道别，视情况需要为她们安排假期、寻找工作，或接济金钱。目送着最后一批患者离去时，她又忆起那些必须长留在此地的英魂。

"我真是一位不称职的母亲啊！"

她苦涩地想："从此，我要把他们留在这儿，孤寂地度过漫漫长夜。以后，有谁还会再记起这些无名英雄呢？"

克里米亚之战，联军死亡人数高达二十五万人，而这当中只有三分之一是在战斗中丧失了生命，另外三分之二都是因为感染疾病而去世的。

若不是因为南丁格尔的出现，以及她全心全意、不屈不挠的奉献，还不知有多少士兵也会葬身于此。她不仅救治了士兵们的躯体和生命，更让世人明白，所有士兵都具有令人尊敬的善良本质，只要以仁慈和公正的心对待他们，他们就会毫无保留地以赤诚的忠心来回报。

更重要的是，南丁格尔证明了卫生与营养是痊愈过程中不可或缺的条件，也证明了看护工作是高尚而且极其重要的行业。

英国百姓将南丁格尔视为国家的民族英雄，计划着要盛大地欢迎她。

英国议会提案："让我们派军舰迎接她回国吧！"

各个军团也宣布："我们的乐队、仪仗队都整装待发……"

民间团体更纷纷请求："请她为我们做一场盛大的演说，可以吗？"

但是，南丁格尔不要这些表面的虚荣，将所有炫耀式的欢迎都婉拒了，宁可静待所有的激昂气氛消散，才悄悄地乘民船回国。

于是，她和梅姑妈故意等到8月初，化身为史密斯太太和小姐，悄悄地上了法国邮船，踏上归途。

"再见了！斯库达里。"

"再见了！我的孩子们！"

她们穿着朴素的棉布衣裳，脸上罩着面纱，巧妙地躲过了各个报社的追寻。途经巴黎时，两人才分手，南丁格尔只身转赴英国。

1856 年 8 月 7 日，这位女英雄在一个乡间的小火车站下了车，横过宽广的原野，归向李·赫斯特那儿时的家园。

在南丁格尔家的客厅里，威廉正微皱着眉头，默默地抽着雪茄；法妮则心不在焉地做着针线活。他们偶尔抬头看看堆满桌上的礼物和信件，想到全世界都在歌颂着宝贝女儿的功绩，不由得骄傲地微笑着，但想到弗洛伦斯不知现在何处，又忍不住担心起来。

法妮终于放下针线，叹了一口气说："唉！弗洛伦斯到底在哪儿呢？她要是搭乘政府派去的军舰，我也不必担心了。"

这时，突然听到守门的老管家边跑边喊："二小姐回来了！二小姐回来了！"

威廉一阵错愕，站起身来；法妮也匆忙地丢下针线，往门口奔去。

"爸，妈！是我，我……"
南丁格尔还没讲完，就被母亲一把揽入怀里。

"弗洛伦斯，可把我想死了！"母亲既高兴又心酸地哭着说，"看你，怎么瘦成成这个样子？"

这年，南丁格尔三十六岁。她看来忧郁疲惫，而且瘦削柔弱，残酷的战争已在她身心烙下了不可磨灭的印痕。

此刻，她疲倦地伏在母亲怀里，静静地享受着家园的温暖。

7. 战后的活动

皇家委员会

当南丁格尔已经回国的消息传出之后，亲朋好友立刻争先恐后地前来拜访。家门口也天天挤满了陌生的人群，他们交头接耳，都想看看"克里米亚天使"的真面目。各地的邀约更如雪片般飞来，都想知道，她是否可以出席领奖、受邀演说、参加会议……

"不！对不起！她真的无法前往。"

南丁格尔家推掉所有的邀约，因为南丁格尔实在太虚弱、太疲惫了。

战地种种残酷的景象还牢牢地盘踞在她脑海里，挥之不去。她毫无胃口，看到食物就想呕吐；夜间则噩梦连连，常常在自己的尖叫声中惊醒。

医生嘱咐她的家人："目前，什么事都别让她做，她需要全天候的休息。"

芭希给朋友的信上也悲观地说："妹妹只怕是活不久了……"

还好，在家人细心的照顾下，南丁格尔终于慢慢地恢复，脸上又有了血色，往日的斗志也渐渐地苏醒过来。

西德尼·赫伯特爵士等人为她募得的"南丁格尔基金"有四万英镑左右——相当于今日数百万美元，她得用心筹划，如何有效利用这笔捐款。

为了方便联系，她租下了伦敦巴林顿旅馆的一间套房。

"不久的将来，我一定要实现我的心愿，办一所护士学校。但是，目前最重要的是要先改善整个陆军的卫生问题。"

她只要闭上眼睛，克里米亚战地凄凉的荒坟就浮现在眼前，不断地提醒她，多少伤亡都起因于陆军制度的腐化与疏忽。

"无论如何，我不能再让悲剧重演了！"

这时，她刚好收到一个邀约。原来，维多利亚女王和阿尔伯特殿下正在苏格兰度假，邀请她见面，想要听听她在战场上的所见所闻。

南丁格尔喜出望外地想："上帝在暗中帮助我呢！我绝不能错失这个机会。"

于是她兴冲冲地赶去觐见，趁机把自己亲眼所见英国陆军对战场卫生环境的忽视，导致医院脏乱、传染疾病迅速扩散的情形，详细禀告；又把握机会向女王和殿下指出前线医院的弊病以及她的改革计划。

女王被她的热情和勇气深深感动，也对她的构想非常欣赏。

"不过，要实行这个方案，还是得征求陆军大臣潘米亚爵士的同意才好。"女王这样想着，就对南丁格尔说："这样吧！潘米亚正好两天后要到这儿来，我会安排你们两人见面的。"

起初，南丁格尔并不抱多大希望，因为她曾听人说过，潘米亚爵士做事喜欢拖延，总希望问题会自动消失。

出乎意料的是，这次会面非常成功。首先，潘米亚爵士赞成兴建一所陆军医学院，除了训练技艺高超的外科医生，还要教导他们手术前必须消毒等正确的卫生观念。其次，他也同意南丁格尔所坚持的，成立一个调查克里米亚战地设施的皇家委员会，彻底追查为什么战地医院会如此腐败和脏乱，以作为将来改善的参考。

照理说，这是南丁格尔的提案，她应是委员。但是，在那个年代，女性连选举权都没有，根本不可能被指派这类重要的职务。于是，她商请赫伯特爵士来担任委员会的主席，也说服好友苏德兰医生加入阵容，苏德兰是公共卫生专家，也是当年前往斯库达里调查战地医院的一员。

南丁格尔在斯库达里时，曾对陆军的卫生状况做过广泛调查，现在她把所写的记录全部翻出来，就有关物资分配、人员调度及病房或厨房的改善等分门别类，编成了《关于英国陆军健康、效能及医院管理的记述》的大册论文。这份论文厚达一千页，还包含详尽的统计资料与表格说明，成为调查委员会的最佳参考。

南丁格尔、赫伯特爵士与苏德兰医生三人，夜以继日地努力工作，终于在三个月后完成了皇家委员会的调查报告。他们根据调查结果确立四个改革方向：兵舍的卫生、陆军统计局的成立、陆军医学院的设立及医院管理制度。

1858 年 6 月内阁改选，赫伯特爵士接替潘米亚当上了陆军部长，也因此加速了四项改革运动的推进。

护士之母

南丁格尔也是改革印度公共卫生情况的先驱。

1857 年印度发生叛乱时，她即与赫伯特爵士共同提案，敦请英国政府改善印度驻军的生活环境。可是政府毫无反应，令她非常不满，她就直接写信给印度总督康宁夫人，表示她愿意随时效劳。

她还通过邮寄问卷，从驻印度的英国士兵和官员们那儿搜集各种报告和资料，并据此写成长达两千页的论文《人们应如何在印度生活以避免死亡》，这篇论文曾在几年后的社会科学会议上被宣读。论文揭发了英军在印度脏乱的居住环境，包括不洁的饮水、爬满跳蚤的床铺、垃圾污染的医院等，引起极大的反响。

1860 年，南丁格尔终于实现了创办一所护士学校的心愿，她使用"南丁格尔基金"在圣托马斯医院设立护士训练所。6月间，她先招募了二十四名学生，给予为期一年的训练，再加三年的实习。训练课程特别强调学生品行的重要，并致力于医院卫生设备的改善。

"我一定要让世人了解，担任护士绝不是可耻的事情，而医院也绝不是脏乱的世界！"

南丁格尔护士训练所每天安排圣托马斯医院的医生和资深护士来教课。另外设有图书馆，提供学生各种医学方面的知识。学生每周需听两次牧师讲道，绝对禁止单独外出，课外若与男生交往，即退学处分；她们每天都得写笔记，由南丁格尔亲自检查，给予批评、建议。

她以这样严格的要求，训练出一批注重清洁、个性温柔、行为端正的护士。

但是，在课余时间，她对这些护士非常慈爱，常邀请她们来家中聚会、喝咖啡，送她们从恩布丽庄园直接运来的鲜花，详细询问她们生活的情况。

首届毕业生举行的毕业典礼非常隆重。护士们穿着褐色的制服，佩戴洁白的帽子和围裙，列队走入礼堂。宣誓

后，她们从护士长手中接过一盏油灯，象征着黑暗中的一线光明，要把南丁格尔的精神带到社会上每一个角落去。

各地医院都争相聘请在这个训练所受训期满的护士。于是，这个训练所便推广到英国其他都市，最后，甚至在英属各殖民地、美国以及欧洲各国也都纷纷创办了护士学校。

在那个年代，婴儿的死亡率非常高，尤其在乡下，都是由产婆接生。南丁格尔特地从"南丁格尔基金"中拨出部分款项，开了一所助产士学校，提供六个月的训练，教她们如何在寻常的住家环境里安全地接生。

对于穷人们的病痛，她也始终念念不忘。1861年，南丁格尔建议一位利物浦的富有慈善家威廉·拉士邦爵士，在当地设立学校来培养护士人才。拉士邦爵士就真的自掏腰包，创设了以南丁格尔精神为宗旨的护士学校。但是，利物浦有上千贫病交迫的人，住在类似收容所的贫民医院里，需要有经验的护士来照顾，于是拉士邦爵士只好求助于南丁格尔。1865年，她派遣自己最得意的学生——阿格妮担任护士长，率领十二名护士前往利物浦贫民医院服务。

直到今天，世界各国的护士都一致公认南丁格尔是护士的鼻祖。

我们一看到身穿白色医护装的护士小姐，就会想起伟大的南丁格尔。后人为了纪念她献身于医护工作所付出的爱心和努力，特别把她诞生的那天——5月12日定为护士节。

16世纪，意大利先后被法国、西班牙和奥地利占领，意大利争取独立、统一的努力从未间断。1859年，意大利统一战争终于爆发。索尔弗利诺战役是这次战争中最激烈的一战。瑞士日内瓦出生的亨利·杜南偶然经过这儿，看见战场上的伤兵无人照顾，主动担任起护士的职务，而且，为了唤起全世界的注意，写了《索尔弗利诺的回忆》一书。

书里，他坦诚地说："我的成就要完全归功于一位伟大的英国妇女，她就是弗洛伦斯·南丁格尔。"

他呼吁世界各国应共同携手，组织一个庞大的救护组织，以救护在战场上的官兵。

1863 年 10 月，欧洲十六个国家在日内瓦集会，成立红十字会，以瑞士国旗相反的颜色（即白底红十字）作为标志。会中宣布，将本着南丁格尔的博爱精神，不分种族、国别、宗教，将这种精神传播至世界各角落，为人类解除痛苦。会议中决议，伤兵不论国籍，不分敌我，一律给予救援；而医院及从事看护工作者应佩戴红十字臂章，并被视为中立者，不予伤害。

　　虽然当时南丁格尔因病无法参加聚会，但诚如杜南所说，由于她的影响，才有今日的红十字会，所以南丁格尔可以说是"红十字会之母"。

　　1864 年 8 月，《日内瓦条约》（又名《红十字条约》）正式订立，红十字会的组织也渐渐遍及全球。

痛失良友

　　为了皇家委员会的改革活动，南丁格尔废寝忘食地工作着，帮助她的赫伯特与苏德兰也跟随她过着昼夜不分的日子。

　　这时，有一位追求者出现了，那是五十六岁的亨利·瓦尼爵士。他的夫人几年前去世，留下了四个小孩。瓦尼爵士睿智英俊、高尚富有，而且热衷于公益事业。他曾为穷苦的劳工建立村舍，还资助他们的孩子上学。他很欣赏南丁格尔，对她展开热烈追求。但是，南丁格尔的心思全放在改革活动上，根本无暇顾及感情，就毫不留情地拒绝了他的求婚。

"唉！弗洛伦斯怎么还是这么不懂事？瓦尼爵士是个理想的对象，她难道看不出来吗？"威廉既惋惜又无奈地说。

法妮本来也难过地陪着叹气，但忽然有了主意："哎，我们邀请瓦尼到恩布丽庄园小住吧？别忘了，芭希也还待字闺中呢！"

1858 年 6 月，芭希和瓦尼爵士果真结了婚，像童话般从此过着幸福快乐的日子。瓦尼摇身一变，成了南丁格尔的姐夫，也成为她忠实的盟友，一辈子默默地从旁协助她。

南丁格尔很关心公立医院的情况，经常到处参观。后来，她把参观的心得整理出来，出版了一本书，对医院的设计、伙食的改善以及护士的水准都有许多良好的建议，颇受好评。这本书使她成为国际有名的医院设计专家，连葡萄牙的国王、荷兰的女王及印度政府都来请教她。

1859年，她又写了一本《护理手册》，强调家庭卫生的重要性，提供家庭主妇基本的护理常识，教她们如何照顾婴儿与无法行动的病人。这本活泼、生动的书被译成法语、意大利语、德语，大为畅销。

1860年12月，赫伯特爵士的健康亮起红灯，他患了严重的肾病。医生们都劝他，如果要保住性命，最好尽快回到乡间静养。

"但是，改革的事业怎么办？如果我现在撒手不管，弗洛伦斯的努力不都前功尽弃了吗？我怎么忍心这么做呢？"

于是，赫伯特爵士决定不动声色，继续为改革事业而奋斗。

1861年6月，他终于精力透支，再也撑不下去了，只好告假还乡。当时，南丁格尔还以为他是推诿责任、临阵脱逃，对他很不谅解。

不过，几个礼拜后，赫伯特爵士就与世长辞，得年才五十一岁。临终时，他心心念念的仍是尚未完成的改革活动。

病榻上，他不断地喃喃自语："可怜的弗洛伦斯……可怜的弗洛伦斯……我们两人的工作还没有完成呢！"

南丁格尔听到赫伯特爵士的死讯时，大为震惊，更深深地感到内疚。

她抱着赫伯特夫人痛哭流涕地说："我怎么如此疏忽，竟然看不出来他已经时日无多了？"

她回忆着，自从十四年前，与布列士布里兹夫妇到罗马旅行时，认识了赫伯特爵士之后，他就一直不断地帮助她、鼓励她。当父母亲都不理解她的时候，是赫伯特爵士温暖的友谊给了她无穷的力量，而两人为了改革活动，更是并肩作战，成了最忠诚的挚友。

在她的生命里，他曾经占着多么重要的位置啊！

"以后，还有谁来引领我？"她心灰意冷地想。

赫伯特爵士死后不久，她便搬离了巴林顿旅馆的房间，那儿存留着太多属于赫伯特爵士的回忆，令她触景生情，无法负荷。

六个月后，南丁格尔再度失去一位强有力的支持者——阿尔伯特殿下，他在四十二岁的英年染患伤寒症而去世了。女王从此郁闷不乐，也和南丁格尔一样，过着半隐居的生活。

晚　年

南丁格尔在四十岁以前，写过一万三千封信，并出版两百多本书和论文，但之后她的步调就放慢了。

1865 年秋天，她搬进了伦敦的一幢小房子，养了满屋子的小猫和小鸟，希望能够忘掉所有不愉快的过去。那段时间，朋友们接到她的信件时，常看见信笺上有猫儿的脚印。

1868 年开始，她每年抽出几个月的时间待在恩布丽庄园或李·赫斯特，陪伴父母亲，闲暇时就阅读莎士比亚的戏剧和简·奥斯汀的小说，享受难得的宁静。

在这段时间里，英国的医学界也起了微妙的变化，不少女性希望能够跻身医生的行列。1874 年，第一所女性医学院终于在伦敦成立，为女性从医铺设了康庄大道。

同年1月5日，南丁格尔的父亲以八十四岁高龄在恩布丽庄园去世；六年后，她的母亲也与世长辞，两人的遗体都被安葬在东威罗斯的家庭墓地。

这时候的南丁格尔已经六十岁了，形单影只，非常落寞，姐姐芭希和瓦尼爵士位于克雷顿的官邸便成了她唯一可以得到慰藉的地方。

克雷顿地处乡间，那儿的劳动者住在不卫生的环境里，这种情景看在南丁格尔的眼中，又燃起她救助贫苦大众的热心。她常常抽出时间，不厌其烦地向劳动者的家庭讲解卫生的重要性与对健康的影响。

等到芭希和瓦尼爵士也在1890年和1893年相继去世后，伤心而又孤单的南丁格尔决定回到伦敦定居。之后十年，遇到有关医院、看护或卫生方面的问题时，她总是给予亲切的指导或协助；对印度公共卫生改革的问题，也仍然与政府官员保持通信联络。

1897年为维多利亚女王即位六十周年，英国特别举办维多利亚时代博览会。会中，南丁格尔的一座胸像和她在克里米亚时所乘的马车都被展览出来。会场上还有一位老兵，泪涟涟地走到马车跟前激动地亲吻它。

1901 年，女王追随阿尔伯特殿下而去，曾经辉煌的维多利亚时代黯淡地走入历史。同一年，南丁格尔的眼睛开始看不清楚，慢慢地就失明了。从此，她只好雇请秘书把报纸里的新闻读给她听，而她要写作或写信时，也只好口述，再由秘书替她记下来。

1907 年，她接受了一个青蓝二色的功德勋章，是英王爱德华设立的。这种勋章从来没有赐给过任何女性，南丁格尔成了有史以来第一位接受大勋位的妇人。

此时，她已经衰老了，意识也开始模糊不清。

但是，她不止一次地交代："我死了以后，请你们把我埋在东威罗斯，让我陪伴我的父母。记住，千万不可举行什么热闹的葬礼。"

1910 年 8 月 13 日，南丁格尔在熟睡中安详辞世，悄然地离开了这个世界。

她逝世的消息震惊了整个世界，英国政府原预备将她安葬在威斯敏斯特大教堂，与历代君王及伟人葬在一起，但为了尊重她个人的意愿，只好取消国葬的仪式，改为简单而隆重的方式，由六名军官抬着她的灵柩，葬在她父母的坟墓所在地——东威罗斯。

南丁格尔毕生不爱虚荣，所以她的墓碑也遵照遗愿，没有赞颂的词句，只简单地写着："弗洛伦斯·南丁格尔，1820—1910"。不过，送葬那天，在李·赫斯特静穆的家族墓地上，仍有全国各地赶来的送葬者，尤其是士兵和护士们，排着长长的队伍，默默地表达他们虔敬的哀思。

为了纪念南丁格尔舍身奉献的博爱精神，国际红十字会决定创设"南丁格尔奖章"，奖励那些对看护工作有特殊功劳的人。

受奖人的资格规定得很严格，得先由各国红十字会推荐，再由国际红十字会甄选委员会慎重审查。受奖人名单决定后，在南丁格尔诞辰日——5月12日护士节公布，敦请国家元首或红十字会总裁颁奖。南丁格尔奖章的正面有手提油灯的南丁格尔像，背面则刻有受奖人名字，周围用文字记载着："宣扬博爱的精神，让它传播到世界各地。"

南丁格尔逝世时正好是九十高龄，而她的名字未曾随着时代的转变而消失。直到今天，全世界的人都记得这位慈悲为怀的"白衣天使"，每次听到她的名字，都不由自主地肃然起敬。

南丁格尔小档案

1820 年 5 月　12 日，诞生于意大利名城佛罗伦萨。

1832 年　父亲亲自教授数学、历史和各国语言。

1837 年 2 月　7 日，受神的召唤，决心为人类做有意义的事情。

1837 年 9 月　南丁格尔一家人从英国出发，开始长期的欧洲旅行。

1838 年　南丁格尔一家人抵达瑞士日内瓦，拜访意大利历史学家希蒙第。

1839 年　结束欧洲旅行，回到英国。

1844 年　因贺尔博士之故，决定要更积极地为自己的工作做准备。

1847 年　与西德尼·赫伯特爵士夫妇相识。

1850 年　拜访位于莱茵河畔的开塞威特医院。

1851 年 7 月　成为开塞威特护士训练所的一员。

1853 年 8 月　担任知识妇女疗养所的监督，正式展开护士生涯。

1854 年　俄国侵略土耳其，英法两国派兵援助土耳其，著名的克里米亚战争就此揭开序幕。

1854 年 10 月　21 日，从伦敦出发前往斯库达里。

1855 年 5 月　2 日，从斯库达里出发前往克里米亚半岛。

1856 年 4 月　克里米亚战争落幕。

1856 年 8 月　7 日，回到儿时家园。

1860 年　以"南丁格尔基金"在圣托马斯医院设立护士训练所。

1863 年 10 月　红十字会于日内瓦成立。

1901 年　眼睛逐渐失明。

1910 年 8 月　13 日，逝世。